SHODENSHA
SHINSHO

どう生きる？

――人生戦略としての「場所取り」の教科書

藤原和博

JN110442

祥伝社新書

はじめに――才能よりも、どの場所を取るか

社会で成功している人は、なぜ成功しているのでしょうか。

その秘密は、生まれ持っての「才能」や「資質」ではなく、その人に合った「場所取り（ポジショニング）」と「タイミング」にあります。

「場所取り」とは、どの会社・役所で、どのセクションのどの役職で、といった組織上の位置ではありません。自分をどの場所・陣地に置き、キャリアとしてどんなスキルを活《い》かし、個人としてどう生きていくか、です。

実際、会社や役職に関係なく、自分らしい「場所」を得て、楽しく人生を過ごしている人、成果を出している人が周囲にいませんか。

その場所が社会や人々の意識の流れに乗っているかが、「タイミング」です。

ただし意図的にタイミングを創り出したり、絶好のタイミングに乗ったりするのは難しい。

なぜなら、今から、あなたがビル・ゲイツやスティーブ・ジョブズが生まれた１９５５

年前後に生まれることはできないですし、彼らが思春期に共通して体験した「コンピュータにプログラミングできる興奮」「黄金に輝くチップの美しさへの感動」を味わうことはできないからです。GAFAM（Google、Apple、Facebook、Amazon、Microsoft）の成長期に立ち会うこともできません。

ですから、「タイミング」はコントロール不能の所与の条件と考えるべきです。

それでも、私たちは「場所取り」＝自分が陣取る場所をマネジメントすることはできます。

それは、組織内でも可能です。会社で、主体的にイニシアティブを取って仕事をしたり、自分に合った形で組織をリードしたりしている人がいませんか。組織のなかで個人としてふるまえる「組織内個人」とも言える存在で、場所取りがうまい人の典型例です。

キャリアが終盤にさしかかり、定年が近づけば、組織に守ってもらえなくなりますから、自分の陣地を固めておかねばなりません。組織を離れても、自分の陣地で楽しみを得て、食い扶持《ぶち》を得ることは、きわめて重要なのです。

逆にポジショニングができない、自分が陣取る場所をマネジメントできない人の典型例は、何も考えずに組織の、あるいは社会の求めるままに日々を過ごしている人です。このような人は、自分をコントロールできていない。言い換えれば、「自分の人生の主人公」あるいは「自分の人生のオーナー」になれない。

つまり、自分の人生の主人公になるためにもっとも大事なことは、「どの場所に陣取るか」というポジショニングの問題なのです。

10代・20代は、「自分には才能がないのではないか」「求められる資質は何か」などと悩むこともあるでしょう。自分の「才能」「資質」をどう掘り出すかを求めて、自分探しの旅に出る人もいます（実際には「探せる自分」などないことは第6章で説明します）。

しかし30代になると、多くの人が今さら「才能」「資質」に悩んだところで仕方がない、と思うようになります。

ならば、ひたすら「場所取り」に意識を向けるべきです。

どんな環境に身を置き、どんな経験を積み、どんなスキル／キャリアを自分のものにするか——。それを自《みずか》ら考え、自分の仕事や人生のイニシアティブを取っていく。

しかし、これができていない人がとても多い。

実際、「どうしてその場所に居座《いすわ》るかなあ」と思うような「場所取り」をする人がいます。「そこに陣取ると、手間ばかりかかって肝心《かんじん》のスキルが身につかないよ」「その昇進をしたら、あなたの良さが殺されてしまうけど……」と言いたくなる人です。

「場所取り」とは、「どう生きるか」なのです。


本書は、自分の陣地を決める「場所取り」をどうすればいいかを教示して、「自分の人生の主人公」になることをお手伝いします。


まず第1章で、日本社会の問題点を明らかにします。

あなたが自分の人生の主人公として生きることを、いかに日本社会の構造が邪魔しているかを理解しましょう。そこから逃《のが》れなければ、自分の人生のオーナーにはなれません。


第2章は、「場所取り」基本編です。

勝てそうな場所を探して、陣地を作る方法を紹介します。あなたにエネルギーが入ってきそうな場所を探し、スキル／キャリアを掛け算して陣地を固めるのです。

第3章は「場所取り」応用編として、私が行ってきたことを具体例として示します。

第4章では、自分の「器」を大きくする方法を述べます。人間の器はダイヤモンドのような形をしており、人生の前半で底面積を、後半で高さと深さを作ります。これで、あなたの陣地の基礎工事は済んだも同然です。

第5章は、私の著書でこれまで触れていない「運を味方につける方法」です。来《きた》るＡＩロボット社会は、システムが人間の生《い》き様《ざま》を機械的に決める世界です。ならば、偶然の出会いなど「人間にしか起こらないこと」が逆に有効になります。その養《やしな》い方を、私の体験を通じて語ります。

第6章では、50歳からの生き方を提案します。

ここで何を身につけるか、どんな能力を磨《みが》くかで、60歳あるいは65歳からの人生が変わります。遅くとも、55歳までにモードを変換しないと危険です。

第7章では、60歳からのお金の話をします。

金融庁がかつて発表した、老後資金が約2000万円不足する「老後2000万円問題」。実は、本当の話なんです。それに対する具体的対策を述べます。

これからの時代は、これまでの常識が通用しません。

視界不良、先行き不透明のなか、きちんと「場所取り」をできた人が生き残り、「自分の人生の主人公」になることができます。

さあ、そのための取り組みを始めましょう。

藤原和博《ふじはらかずひろ》

2024年3月

目次

第2章 勝てそうな場所を探して、陣地を作る

第3章 私は、こうやって「場所取り」をしてきた

第4章 人間の器を大きくするには？

第5章 運を味方につけるには？

第6章

50歳からの「定年のない生き方」

第7章

60歳からの〝本当の〟お金の話

第1章

自分の人生を生きられない国・日本

あなたは、自分の人生を生きていますか？

あなたが本当に「自分の人生の主人公」になりたいなら、しなければならないことがあります。

それは、日本社会の特殊性を見極《みきわ》め、その枠組みからすこし距離を置くことです。

日本の社会システムは戦後70年以上も維持されてきました。あなたが意識する・しないにかかわらず、それは強力なものです。

制度、慣習、組織、それを守っている大半の人々の同調圧力から逃れ、距離を取るための知恵を手に入れなければなりません。

具体的に説明しましょう。

日本というクルマ

日本人は、自分で人生を自由に選択して生きていると考えていますが、それは大半のケースにおいて、大いなる勘違いです。実はほとんどの人が、社会システムから求められているものに応《こた》え、組織・制度が作ったルールに則《のっと》り、「自動的に」生きています。

日本の社会システムは、図1「日本というクルマ」で説明することができます。

図1 日本というクルマ

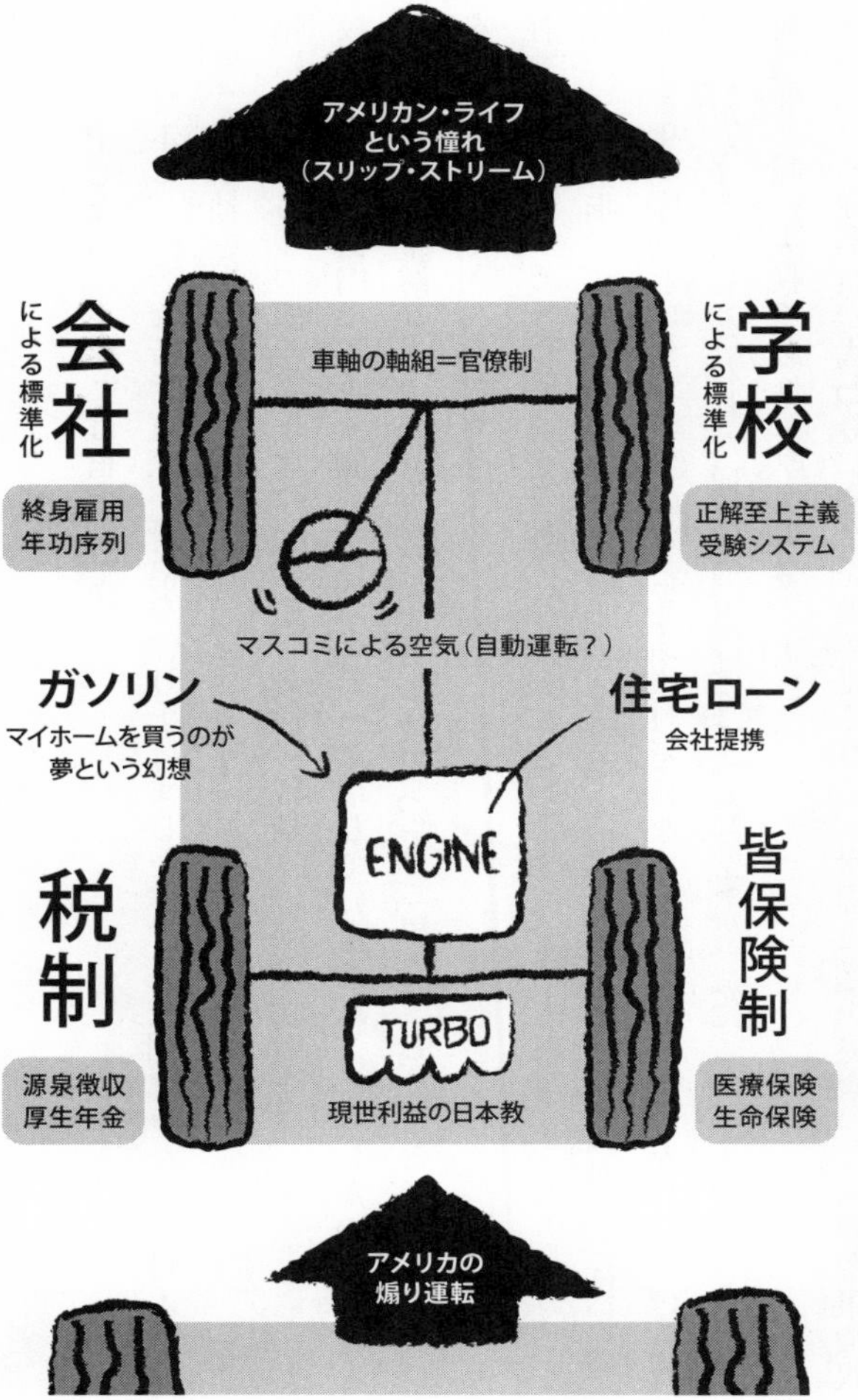
アメリカン・ライフ
という憧れ
（スリップ・ストリーム）
会社
による標準化
終身雇用
年功序列
学校
による標準化
正解至上主義
受験システム
車軸の軸組＝官僚制
マスコミによる空気（自動運転？）
ガソリン
マイホームを買うのが
夢という幻想
住宅ローン
会社提携
ENGINE
税制
源泉徴収
厚生年金
皆保険制
医療保険
生命保険
TURBO
現世利益の日本教
アメリカの
煽り運転

これは戦後に作られ、高度成長期に確立し、強固に社会に植えつけられた構造です。

クルマの中心たる「車軸」は官僚制です。

戦後の日本は、優秀な若手官僚が骨格を作り上げましたが、官僚制は今なお「日本というクルマ」の車軸を担《にな》っています。

車軸につながる4つの「タイヤ」は学校、会社、税制、皆保険制です。

「学校」教育は、自由に生きる個人を生み出そうとはしていません。目指したのは、日本人の標準化です。正解至上主義と受験システムによって、「早く、ちゃんとできる、良い子」を大量生産してきたのです。

「会社」は、そういう子供たちを学校の卒業後に受け入れてきた場です。

ここでも、目指していたのは標準化です。そのために、(今ではだいぶ緩《ゆる》んだとはいえ)終身雇用と年功序列という、人生のことをあまり考えなくていいシステムが作り上げられました。「がんばれ」と言われた通りにがんばっていればよかった。

「税制」は、源泉徴収であり、厚生年金です。

会社が個々の従業員の代わりに税金を納めてくれる、世界に類を見ない日本の源泉徴収制度は、税に対してきわめて無頓着な国民を作り出すことに成功しました。
おかげで、会社をやめるまで、いや会社をやめても日本人のほとんどは、税金のことがよくわかりません。そして、年金があるから老後は大丈夫だと思っている。本当に大丈夫なのかどうかは、第７章で検証します。

「皆保険制」は「がんばれ」を安心してできるようにした仕組みです。
医療保険が整備され、生命保険への加入が奨励され、万が一の時にも不安なく過ごせるようにしました。

「ガソリン」となったのは、家（マイホーム）を買うことが夢という個人の幻想です。
家を持つことはすばらしいという空気を社会に作り、住宅を買おう、マンションの次は一戸建てだ、と夢を煽《あお》りました。

「エンジン」は、夢である家を持つことを実現させる住宅ローンです。
会社員になると、会社提携の低利ローンを利用することができ、より有利に住宅ローンを組み、家を手にすることができました。

「ハンドル」は、マスコミです。

テレビを中心としたマスコミが、この方向に行こう、この方向がおいしいよ、と誘導しました。何も考えなくていいよ、そのままの自動運転でいいんだよ、というメッセージを流し続けた。日本の空気を形作ったわけです。

自動運転を解除しよう

「日本というクルマ」の前には、アメリカ車が走っていました。

日本が戦後に追いかけたのは、「アメリカン・ライフ」でした。具体的には、アメリカのテレビドラマに出てくるような広いリビングの家、大きな庭、テレビ、犬……。

そして前を走るアメリカ車からは、スリップ・ストリームが生み出されました。高速走行する物体のうしろに発生する螺旋《らせん》状の空気流です。この現象により、「日本というクルマ」は、アメリカ車に引き寄せられることになりました。

前だけではありません。うしろにも、アメリカ車がいました。「日本というクルマ」を煽るためです。アメリカの煽り運転です。

きわめつけは「ターボ」で、これは「現世利益《げんせりやく》の日本教」とも言うべきものです。

多くの宗教は天国に行ける、幸せな死後が訪れる……など、死んだあとの幸福を唱えています。いっぽう、日本は無宗教とよく言われますが、今の日本人は死後にどうなっていたいかはあまり考えません。それよりも現世での利益を求め、こだわります。今、お金が欲しい。今、安定が欲しい。今、家が欲しい。今、権力が欲しい、などなど。

こうした現世利益は、「日本というクルマ」を走らせるにあたり、とても都合がよかった。システムによって自動運転するだけでなく、そのスピードを上げる「ターボ」としての役割を果たしたのです。

このように、日本人は、知らず知らずのうちに「日本というクルマ」に乗っていました。そうすることで、きちんと物事を考えなくても、ある程度は生きられました。

まさに自動運転です。ただ「がんばっていれば」よかったのです。

しかし、クルマが最後はどこに向かうのか、その行き先に幸せが待っているかどうかは別の話です。クルマはただ走るだけですから、搭乗者はどこに連れて行かれるかわかりません。連れて行かれた場所で「あれ？」となっても、もう遅いのです。

ですから、まずやるべきことは自動運転モードの解除です。

一度、高速道路を降り、自分はどこに行くか、自己決定しなければなりません。自分の意思で運転しなければならない。

「どこに連れて行かれるかわからない」から逃れるのです。

私は30代で高速道路を降りました。おかげで、自分を主人公に充実した人生を送ることができたと思っています。そのきっかけについては第3章で詳しく語ります。

ジグソーパズル型から、レゴ型へ

「日本というクルマ」のパーツのなかには、すでに崩《くず》れ始めているものがあります。

たとえばインターネットの登場で「ハンドル」のマスコミの影響力は低下しています。

また「会社」は終身雇用や年功序列が崩れ、「失われた30年」の間に税金や社会保険料の負担が増え、国民の意識も変わり始めています。家を買うのが夢という個人の幻想も、少子化や晩婚化・未婚化が進むなか、変化してきています。

「権力」が移行していることにも気づく必要があります。

　昔は、世の中に必要な情報はもっぱら、外で働くお父さんが持ってきました。教室では、大事な知識は先生が持っていました。だから、家ではお父さんが、学校では先生が尊敬されたのです。情報を独占できれば、そこに権力が生まれます。

　ところが、家庭にも学校にもテレビが入ると、情報は専業主婦のお母さんや子供たちにも開示されました。「博士ちゃん」などと呼ばれる物知りの子供が出ているテレビ番組がありますが、それこそ、彼らが先生をやってもいいわけです。

　さらにインターネットの登場で、教員や父親だけが持っている情報はどんどん減り、子供たちも情報を持つようになりました。

　そしてスマホ時代を経て、いよいよ生成ＡＩの時代に入りました。ＣｈａｔＧＰＴの登場が、「正解」の卸売業者だった教員の地位を脅《おびや》かすのは必然でしょう。


　正解を導き出す力を、私は「情報処理力」と呼んでいます。

　読み、書き、計算の速さ・正確さ、正解を暗記してテストで再現する力です。情報処理力は基礎として大切ですが、新しい時代に求められているのは、「正解」ではなく「納得解」を導き出す力です。

納得解とは自分が納得でき、かつ他人を納得させられる解《かい》です。もはや、万人に共通する唯一の正解はなく、誰もが仕事や暮らしのなかで試行錯誤しながら、自分自身が納得できる解を求めていくしかない。

この納得解を導き出す力を、私は「情報編集力」と呼んでいます。

正解がないか、正解が1つではない問題を解決する力。今求められているのは、情報処理力だけでなく情報編集力も鍛えていくことなのです。

例として、ジグソーパズルとレゴを挙げましょう。ジグソーパズルには完成図（正解）があり、どこにどのピースを入れるかが決まっています。その正解通りにはめていけばいい。これこそ、情報処理力です。

対して、情報編集力はレゴです。レゴはパーツの組み合わせによって、いろいろなものを作り出すことができますが、何か1つの正解があるわけではない。自分で作りたいものを、イマジネーションを働かせて創造していきます。

時代が求めているのは、ジグソーパズル型からレゴ型への移行です。

それは、今後しばらくはＡＩにできないことでもあります。情報処理力では、速く正確に正解を導き出すことが求められました。しかし、ＣｈａｔＧＰＴに任せたら、それはあっというまです。そのスピードに人間は敵《かな》いません。であるならば、正解を出すのはＡＩに任せてしまったほうがいい。

ジグソーパズル型の人材は、いずれＡＩに飲まれていかざるを得ないでしょう。

スマホも、カンニングも大歓迎

今、大きな注目を浴びているのが「教育」です。

学校という装置が、きわめてウソくさいものになってきているのです。

そもそも「日本というクルマ」のなかで標準化を目指したのが、日本の学校教育でした。20世紀の工業化時代、教室では机が工場のように配置され、教壇は一段高くなっていて、上から知識を与えるように設計されていました。学校は、情報処理力に長《た》けた「早く、ちゃんとできる、良い子」を大量生産する装置だったのです。

だから、「ひとりひとりに寄り添った学習」「個性の発揮」「ダイバーシティ」など新しい時代のキーワードには、まったく向いていません。

「静かにしなさい！」

小学校の先生がもっとも口にする言葉はこれです。場合によっては「黙りなさい！」。児童生徒は、中学生になっても「意見は勝手に言うな！」と抑えつけられます。

高校生になると、特に進学校に顕著ですが、大学入学共通テストの四択問題に答えるためには「考えるな！」とまで教わります。記憶したことを反射的に答えるには、考えないほうがいい、というわけです。

はたして、これで本当の意味での教育が行えるのでしょうか。

児童生徒を教室に閉じ込め、外部からの刺激を断《た》ち、もっぱら教員が知識を授ける「一斉授業」のスタイルは、戦後50年は機能しました。工場で、大量生産の製品を作るならそれでいいでしょうが、もはや日本はそういう段階にはありません。

2009年、シンガポールでは教育改革を行い、育てる人材の目標が変わりました。それまでの「追いつけ追い越せ型」から、「自信のある個人」「自律した学習者」「活動的な貢献者」へと変化、「思いやりのある市民」となることを目標としたのです。

クラスは成績に関係なくミックスして、個別指導も取り入れる。好きなことをやりたいだけやっていい。世界で高い競争力を誇る国が、方針転換を始めているのです。

こんな時代に、ウソくさい日本の学校教育を変えるにはどうすればいいでしょうか。

それは、教室を世の中に開いてしまうことです。

児童生徒のスマホやタブレットをＷｉ－Ｆｉにつなぎ、グーグルもＣｈａｔＧＰＴもフリーに使いながら授業を進行する。そんなネットワーク型の授業に変えるのです。世の中とつながり、みんなで対話しながら創造的に学ぶ。

主体的・協働的にコミュニケーション力を磨《みが》く、アクティブ・ラーニング型に変えていかなければなりません。


新しい学校教育のもとでは、児童生徒の発言がきわめて重要になります。スマホやタブレットに書き込まれた意見を、大型のスクリーンでみんなが見られるようにする環境が必要になるでしょう。

かつて教室で教員が盛んに言っていた「静かにしなさい！」は、むしろ逆になるのです。また、スマホ時代に言われ始めた「携帯の電源を切りなさい！」も必要のないものになります。「カンニングしてはいけません」もなくなるかもしれません。

「静かにしなさい！」と言っていたら、児童生徒からは発言してもらえません。たくさんの意見が出てこないと、教室での共有もできないし、ブレーンストーミングもできませんよね。さまざまな意見が出てこそ、納得解に近づけるのです。

また、スマホを切ってしまったら、グーグルやＣｈａｔＧＰＴが使えなくなります。正解はスマホで見ることができますが、正解がない課題はスマホや級友の意見を参考にして（カンニングして）考えを進化させなければ、納得解に至りません。

つまり、児童生徒のおたがいの創造的対話こそ、必要なことなのです。

ＣｈａｔＧＰＴは、日本の学校の仕組みと教員に引導《いんどう》を渡すことになる。

私はそう思っています。なぜなら、ただ正解を教えるのなら、オンライン教育や生成ＡＩで済んでしまうからです。

働く人は2つに分かれる

変わらなければいけないのは、学校教育だけではありません。会社、仕事、スキルやキャリアについて、大きく意識を変えていく必要があります。

キーワードは「希少性」です。

日本はすでに成長社会から成熟社会に移行していますが、その成熟化がさらに深まり、同時にAIロボットの普及が進むと、働く人は大きく二分されることになります。

私はそれを、「コモディティ会社員」と「レアカード仕事人」と呼んでいます。


コモディティ会社員とは、誰でもできるマニュアルワークを行う会社員・アルバイト従業員を指します。

たとえば、小売店の陳列棚に商品を並べたり入れ替えたり、売れ行きの良い商品を前出《まえだ》しする仕事があります。これは、いつでも誰かに取って代わられる仕事ですから、仕事1単位あたりの報酬、すなわち時給は上がりません。労働力が豊富に供給される社会では、時給は下がっていくのです。しかも、技術が進展してAIロボットを導入するコストが下がれば、機械に取って代わられるかもしれません。

いっぽう、レアカード仕事人は代わりがいない、かけがえのない仕事をしています。引き合いの多い弁護士やコンサルタント、指名の多いマッサージ師や美容師などです。代わりがいませんから、時給は高くなります。また、景気にかかわらず常に需要があるので、レアカード仕事人の付加価値は不景気でも下がりません。

つまり、「レアカード仕事人＝希少性を持つ人」ということになります。

「それはわかったけど、自分にはできないし、関係ない」。そう思っていませんか。

実は、そうではないのです。まず、時給について説明しましょう。

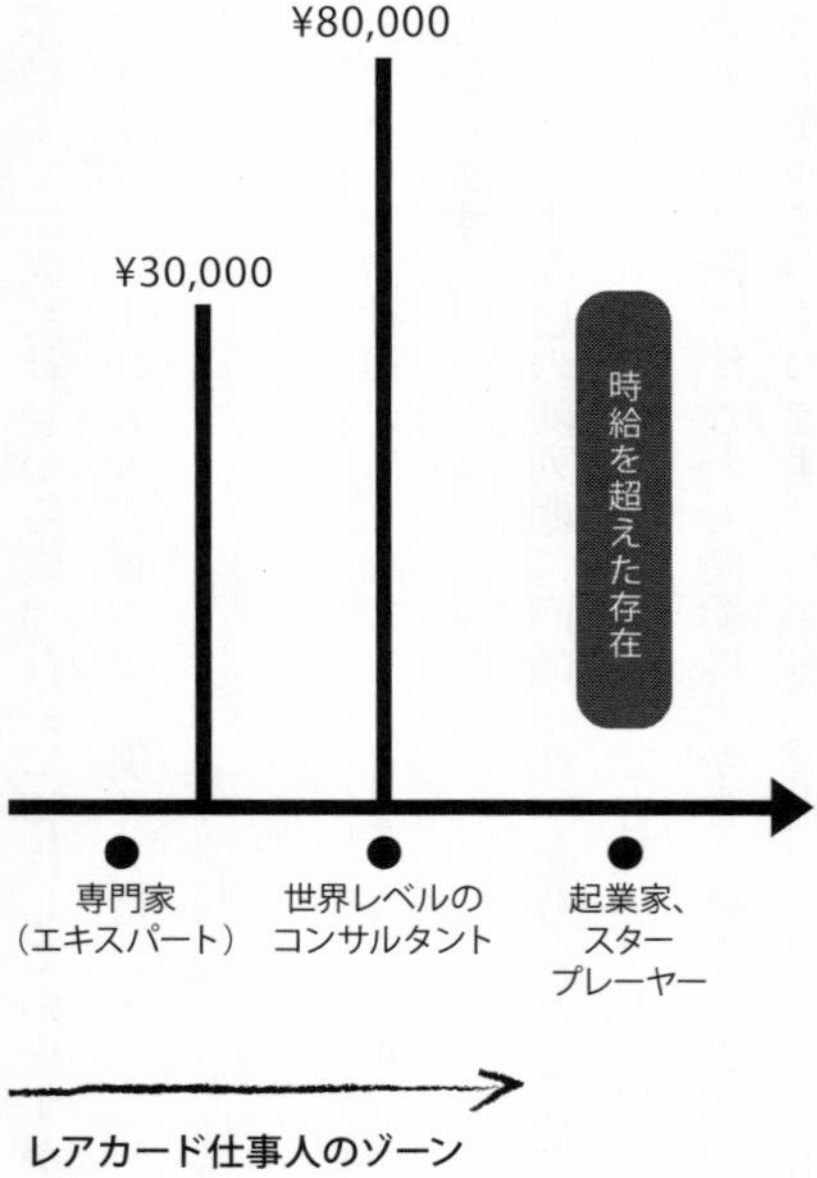

仕事を失う人

図2は、「日本人の時給」を表したものです。左から右に時給が高くなるのですが、横軸の右側がレアカード仕事人の領域、左側がコモディティ会社員の領域です。

日本人は収入を語る時、年収や月収を使いますが、

図2 日本人の時給

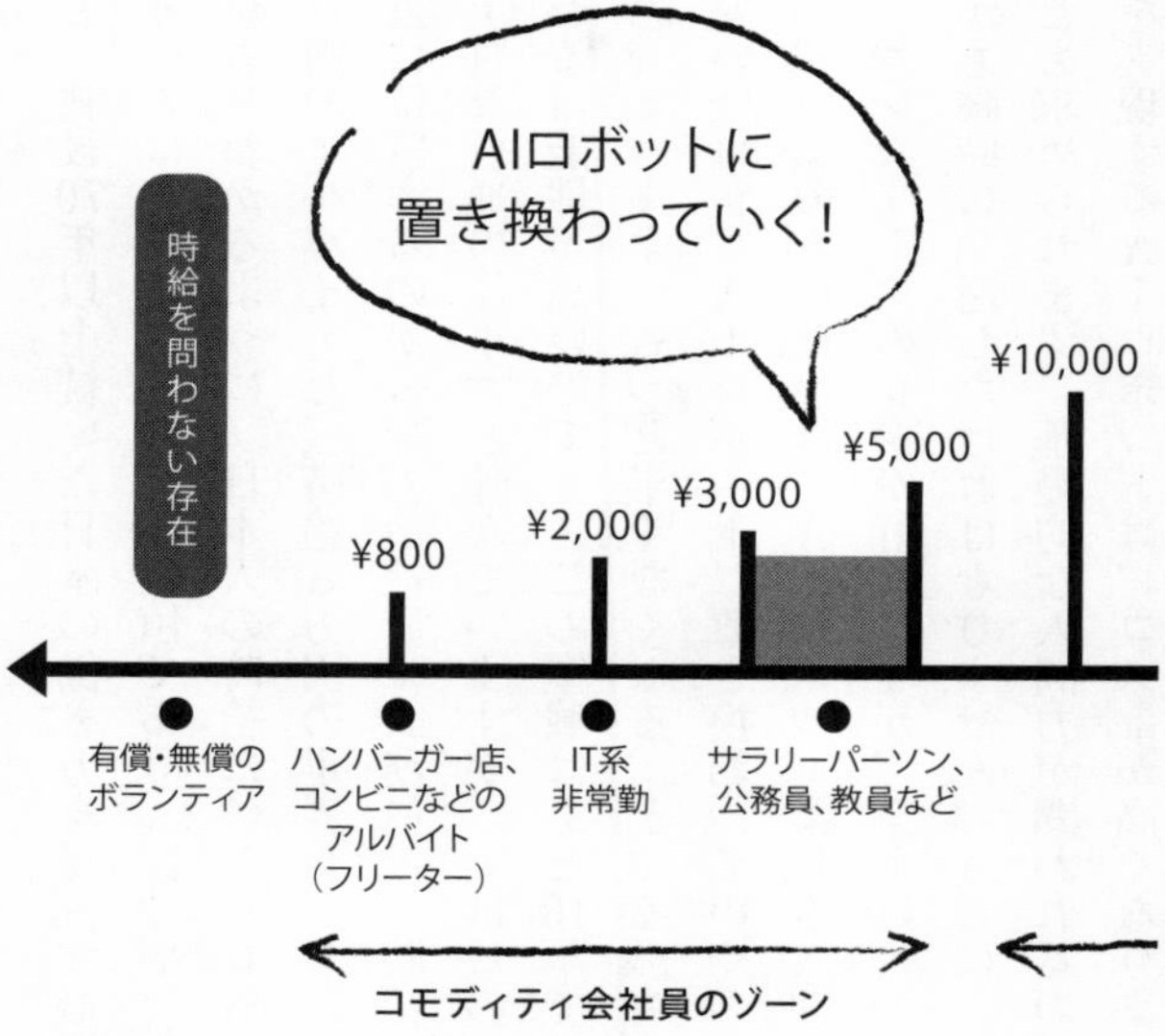

あえて時給を使っていることには意味があります。

時給とは、収入を労働時間で割ったもの。

同じ年収1000万円でも、月に100時間残業した人と、まったく残業しない人とでは時給は違います。また、収入を増やすために身体や精神を壊してまで働く人がいますが、それでは本来の意味で収入が上がったことにはなりません。時給が上がっていないからです。

ここでも、戦後70年以上続いた日本の働き方を見直す必要があるのです。問われるべきは時間あたりの付加価値であり、時間あたりの仕事の生産性を上げること。

図2を見るとわかるように、日本人の時給には100倍の差があります。具体的には、時給800円のアルバイトと、時給8万円の世界レベルのコンサルタントです。

中央付近に位置するのが普通の会社員や公務員で、時給3000〜5000円です。

私は「上質な普通の仕事」と呼んでいますが、実はこのゾーンがもっともAIロボットに置き換わる可能性が高いのです。この領域はあと10年で半減し、20年でなくなる可能性が高いと思っています。もっと早くなくなる、と語る識者もいます。

時給の安い仕事からAIロボットに置き換わっていくのではないか、と思われるかもしれませんが、時給の安い仕事は、AIロボットよりも人間にやらせたほうが安いのです。

コンビニエンスストアのレジが好例ですが、業務はけっこう複雑です。やるべきことが多く、しかも瞬時に判断しなければなりません。さらに、目の前にいるお客さんの気持ちを汲《く》むことも求められます。基礎的な人間力が問われるのです。

これらを実現するAIロボットは、コストが高くなります。だから、なかなかAIロボットには置き換わらないでしょう。

つまり、ＡＩロボットに置き換わるのは、時給８００～８万円の幅広いゾーンのうち、普通の会社員や公務員の領域、もっと言えば「情報処理的」な仕事です。


では、今後どう変わっていくのか。

図2の中央が割れて左右に分裂し、コモディティ会社員とレアカード仕事人の２つに収斂《しゅうれん》していくことになるでしょう。

今は時給３０００～５０００円の「上質な普通の仕事」をしていても、じっとしていると、やがては限りなく時給８００円に近づいていきます（もちろん、インフレが加速し、労働力の需給が逼迫して最低時給が２０００円になることも考えられますが、最低レベルであることに変わりありません）。

いっぽうで、時給8万円のゾーンに向かうこともできます。そのキーワードこそ「希少性」です。希少性を有していればレアカード仕事人、図の右側に向かうことができます。

希少性は、仕事の成功だけを意味するわけではありません。

希少性があればコミュニティで豊かな人脈も作れるし、ＳＮＳでファンやフォロワーがつきます。たくさんの味方を得て、自分のビジョンに近づくことができるのです。

逆に、「上質な普通の仕事でいいや」と考えたり、会社のブランドに頼ってコモディティ会社員化していると、会社をやめた途端に寂《さび》しいことになってしまいます。

仕事の値段は○○で決まる

もちろん「時給」だけが、仕事の価値ではありません。

時給を問わないボランティアは、尊敬に値《あたい》します。また、起業家やスタープレーヤーは社会に大きな価値をもたらすという意味で、時給という尺度を超えた存在です。

仕事の内容が時給を決めるわけではないことにも気づいておく必要があります。

たとえばプログラマーには時給2000円から2万円を超える人までいます。庭師も同様です。少ない収入の人もいれば、大きな収入を得られる人もいる。

同じ職業で時給の差を生むものは何でしょうか。

まず、技術の高さや熟練度が挙げられます。しかし、それだけではありません。ある特定の領域に大きなニーズがあり、そこにものすごく強くて、他に代わりになる人がいない。そんな人なら時給は高くなります。つまり、技術の高さや熟練度だけが時給を決めるわけではない。

これこそ「場所」であり、「陣地」であり、「ポジショニング」なのです。

仕事の値段は何によって決定されるのかと言えば、とてもシンプルです。需要と供給のバランスです。需要が大きくて供給が少なければ当然、価値は高まります。

そう考えると、目指すべきところが見えてきます。

需要の増える分野で、供給が少ないところを狙うこと。逆に、誰もができること、みんなと同じ方向に行くほど担い手はたくさんいますから、価値を失います。

どの方向に進むべきかを考える時に意識すべきなのが「希少性」です。

自らをレアカード化するにはどうすればいいのか、を考えるのです。自動運転に任せるのではなく、戦略的に自分の人生を舵取《かじと》りすることを意識しましょう。

「いやいや、希少性を持たなくたって、会社員として長く勤めていればなんとかなるだろう」。そう思っているなら、大きな落とし穴があることを認識してください。

それは、45歳以上になると「賞味期限切れ」のリスクが高まってくることです。

会社員は偉くなればなるほど、人事権と予算権を付与され権力が増すように見えますが、その権力を保証しているのはあなたの人間力ではなく、会社の信用力です。

そして、年齢が上がれば上がるほど、昇進すればするほど、上司から切られるリスクが高まる。切られなくても、ソリが合わない上司と向き合うことに耐えられなくなります。

会社員にとって、最大のリスクは上司なのです。

これは、部長になっても、局長になっても、取締役になっても同じ。上司にはその権限があるからです。

だから、早くからレアカード仕事人を意識したほうがいい。そうすれば、社外でのマーケットバリューが高まり、社内で人事部と取引ができるようになるからです。

「社内自営業者」を目指そう

図1「日本というクルマ」（19ページ）で描いた「会社」で、社員が懸命に働いたのには理由があります。

社員の間に、在職期間（仕事寿命）より、会社の寿命のほうが長いという共通認識があったからです。だからこそ、誰もが会社に生涯身を寄せようとしたし、懐《なつ》かしい言葉ですが「寄らば大樹の陰」で、大企業に入りたがった。そして、一度入ってしまえば自動運転で、何も考えずに最後までいられました。

しかし、状況は大きく変わりました。

バブル崩壊後は大企業の倒産が相次ぎ、高齢化に伴《ともな》って定年も延《の》びた。自分の仕事寿命より会社の寿命のほうが短いことに、多くの人が気づき始めたのです。

会社が潰《つぶ》れなかったとしても、部署ごとなくなるケースも増えています。

組織を筋肉質にするため、メインではない事業、不採算の事業を他社に売却することがこの30年、有名企業でもごく普通に行われてきました。

部門ごとに会社を分けて事業会社にし、何の事業をしているかを明確にする会社も増えました。それぞれの事業会社に社長や取締役がいて、全体で持株会社やホールディングスを作る。こうなれば、事業会社ごと売却することは難しいことではありません。

時代の変化が速くなり、事業がすこし傾《かたむ》いたらコンセプトそのものを変えていかないと、企業が生き残れなくなっているのです。

つまり、会社の寿命が短くなっただけでなく、事業のライフサイクルが短くなり、自分の仕事寿命のほうが長いという逆転現象が起きている。

こうなると「寄らば大樹の陰」は通用しません。組織に所属していても、「頼れるのは自分の能力しかない」という覚悟が求められます。

自動運転をやめ、自分のポジショニングを戦略的に考えなければならなくなったのです。

「そうはいっても、何から始めればいいのか……」

そう感じている人も少なくないでしょう。そこで私がおすすめするのが、組織内「自営業者」という意識を持つこと。

まず、会社で仕事をする上でのマインドを変えましょう。会社に雇《やと》われていることは事実ですが、雇われていると考えない。自分自身が、自分を雇用していると考える。会社員であっても、自営業者のつもりで会社と接するのです。

プロフェッショナルとして高い付加価値を出し、その対価をもらっているという感覚を持つことが大切です。

1万時間でプロになれる

組織内「自営業者」と対極に位置するのが、会社のブランドに頼り、会社に寄りかかり、上司の顔色を見て仕事をする人です。

そうではなく、「私の上司は社会全体だ」くらいに考えましょう。

具体的には、会社が蓄積した資産を使い倒し、自分の学びにつなげる。会社をビジネススクールと考えて、自分の能力を徹底的に磨く。社内にいながらも社外に目を向け、いつでもどこでも通用するスキルを鍛え上げるのです。

「そんなことをしたら、社内での立場が危《あや》うくなるのでは」

そう心配する人がいるかもしれませんが、むしろ逆です。能力を着実に身につけて会社に貢献し、さらなる向上意欲を持つ人材こそ、会社も上司も必要とする人材の姿です。

プロフェッショナル志向を持ち、レアな武器を持てば、個人がブランドになる可能性もある。個人がブランドになれば、そんな逸材を輩出した会社として、会社側にメリットも生まれます。

そして、そんな人材になれば、会社は手放したくないので、対等な関係に持ち込めます。

会社に対して、自分の望む交渉ができるようになるでしょう。

もう1つ意識することは「プロ」になることです。

自分はこのスキルや技術でプロになるんだ、という分野を1つ決めましょう。

ここで言う「プロ」を定義すれば、それは「結果を出せる人」のこと。

もうすこし詳しく言えば、自分がマスターしたスキルで結果を出せる人です。結果を出せば、通常は結果に応じた報酬が得られますから、稼《かせ》ぎに反映されるはずです。だから、「プロ」とは「自分がマスターしたスキルで結果を出し、稼げる人」のことを言います。

組織内にいるか、独立してインディペンデントでやるかにかかわらずです。

世界中の成功者や天才と呼ばれる人たちも、いきなり大きな成果を出せたわけではありません。生まれながらの才能や資質よりも、環境要因が大きかったのです。

どんな時代に生まれたかという「タイミング」と、どんな練習環境があったか、どんな人と一緒にチームを組んで切磋琢磨《せっさたくま》したのかという「ポジショニング」が必要条件だったわけです。

プロになれる十分条件が、「1万時間以上の練習量」です。

自分が決めた分野に1万時間を投じて「練習」するのです。1万時間をかければ、どんな人でも、どんなことでも、必ずマスターレベルに達することができます。

たとえば、ビートルズも突然スターになったわけではありません。下積み時代に、ドイツ・ハンブルクなどで1日8時間以上、1200回のライブをこなしていたそうです。8時間×1200回＝9600時間です。

マイクロソフトの創業者ビル・ゲイツも、パソコンの黎明期にプログラミングの魅力に取り憑《つ》かれ、1万時間以上取り組んだからこそ、起業できた。

音楽家もスポーツ選手も、プロになった人はみんな1万時間以上、練習していました。

この「1万時間の法則」は、自分には特別な能力はないと思い込んでいる多くの人に勇気を与えてくれます。誰でも1万時間を費《つい》やせば、マスターレベルの技を身につけられると証明しているのですから。

あなたはすでにプロになっている

「1万時間」と言うと、途方もない時間に思えるかもしれませんが、1年のうち会社にいる200日、1日8時間を投じたとすると約6年。つまり、1つの仕事に6年間携《たずさ》われば、その仕事についてはマスターレベルに達するというわけです。

もっとがんばって、土日も含めて、がむしゃらに365日「練習」すれば、わずか3年半で1万時間に達することができます。勤務時間以外を使うとすると、1日5時間×200日で10年。どんなことでも10年続ければ、プロになれるのです。

この1万時間という数字には、根拠があるような気がします。

なぜなら、世界各国で義務教育の時間として割り当てているのが、1万時間だからです。日本も中学3年生までの義務教育で約1万時間学んでいます。日本人としての基礎を教え込むのに1万時間を費やしているわけです。

私の経験を振り返ると、リクルートに入社してからの5年間、約1万時間で「営業」と「プレゼンテーション（プレゼン）」の練習をひたすら積みました。入社前から営業の仕事を希望したわけではありませんが、マスターレベルにはなれました。

その後も、平《ひら》の営業マンから課長、次長、部長、東京営業統括部長までやったので、営業分野ではプロになれたかなと思います。

また、27歳から37歳までリクルートでマネジメントをやったので、マネジメント分野でも1万時間を投入したことでマスターレベルになれました。

ですからやるべきは、自分がプロになりたい領域に集中投下して、1万時間の練習をすること。

もし、すでに8~10年間経験しているスキルがあれば、それは1万時間の練習量を超えていますから、あなたは気づかずに、すでにプロの領域に入っています。ならば、もう1つのプロレベルのスキルを1万時間の練習で手に入れましょう。詳しくは次章で述べますが、「スキルの掛け算」こそ、希少性やレアカードを手に入れる方法だからです。

まだ1万時間の練習を積んでいないという人は、早くその領域を定めましょう。

今の仕事でプロを目指すのも1つの方法ですし、別のスキル領域でもう1つのプロレベルを目指す手もあります。自分なりにポジショニングして1万時間で手に入れるのです。

何歳からでもスタート可能です。早く始めたほうが、あるいは1日に取り組む時間を大きくしたほうが、1万時間の達成が早くなることは言うまでもありません。

企業の勝ち組、負け組は１９９８年に分かれた

日々忙しいなか、１万時間を生み出すにはどうしたらよいでしょうか。

私が推奨するのは、「逃げる」「避《さ》ける」「断《ことわ》る」「減らす」「やめる」です。これらを行うことで、自分の時間を作り出すことができるからです。

戦後50年、社会の拡大と共に、私たちのなすべきことは拡大の一途を辿《たど》りました。国の予算、鉄道や道路などのインフラ、文化施設や観光施設の数など、すべてが右肩上がりでした。企業も、「もっとシェアを」「もっと売り上げを」「もっと多角化を」を標語にどんどん拡大していきました。

こうした拡大の波と呼応するように、私たち個人も「これもやらなくちゃ」「あれもやらなくちゃ」という「もっと」のムードに支配されました。

しかし１９９１年にバブルは崩壊し、１９９７年に日本の成長はピークアウトしました。１９９８年から成熟社会に突入したのです。当時、銀行・証券・保険業界で、まさかの破綻や倒産、統合、大規模なリストラの嵐が吹き荒れたのはその証左です。

リストラと言うと本質がぼやけてしまうので、具体的な言葉に言い換えてみます。

①事業がうまく行かない市場から「逃げる」
②不確かでリスクの高い投資を「避ける」
③つきあいや義理で続けていた取引を「断る」
④不必要に抱えていたマンパワーを「減らす」
⑤社員に対する福利厚生を「やめる」

対応が早かった企業は１９８９年頃、「バブルは弾《はじ》けたのではないか」と噂された時に事業のリストラに着手していました。その後、最低でも２～３回、警鐘は鳴らされています。

ですから、１９９８年頃にあわててリストラに乗り出した会社は「のんびり屋」だったと言わざるを得ません。

その証拠に、１９９８年の中間決算では、多くの上場企業で減益のいっぽう、一部の会社は史上空前の収益を叩き出していました。早い段階でリストラを終え、会社の「コア」になるサービス、技術、事業に特化した会社は業績を上げたわけです。コアとは、その企業の強みがもっとも発揮される「会社の持ち味や固有技術」のことです。

インターネットの世界に限らず、製造業や流通業でも、勝者が総取りするマーケットに、市場が変質していく傾向が見て取れました。少なくとも企業社会では、勝ち組と負け組がこれではっきりしたのです。

あなたがやめるべき5つのこと

企業が拡大をやめたのに、個人にはまだ「もっと」の呪縛がかかっています。「もっと誰かのようにならなければ」「もっと他に天職はあるはずだ」と、青い鳥を探す「もっと」症候群です。実際、何を身につければリストラされずに済むのか、どこに転職すればよいのかと悩んでいる人は少なくありません。

消費もそうです。「もっとブランドバッグが欲しい」「もっとリッチな旅行がしたい」という「もっと」星人は昔ほどではありませんが、まだまだ跋扈《ばっこ》しています。成熟社会に突入して四半世紀が経つのに、まだ「もっと」をやっている。

結局、自分自身が本当に生きて輝く「コア」、自信の源《みなもと》になる持ち味を見つけ、それを磨くことしかないのです。そのためには、企業がリストラで実施した5つの基本アクションが、私たちの時間のリストラにも有効になります。

①本当はやりたくないのに、つきあいや慣性の法則でしていたことから「逃げる」

・ゴルフが本当に好きですか？

・出たくもない結婚披露宴に無理して出席していませんか？

②本当にコミュニケーションしたい大事な人との時間を大切にするために、なんとなくの人間関係を「避ける」

・家族と会話もせずに、黙々と義理の年賀状に返事を書いたりしていませんか？

③できないことは、はっきりと「断る」

・なんとなくずるずると続けていることはありませんか？

④趣味だと思い込んでやってきたことのなかから、本当に好きで、自分がリラックスで

きること以外は、回数を「減らす」
・ジムや英会話教室、ブランドの服が本当に好きですか？
・旅行にあと1回しか行けないとしたら、どこを選びますか？

⑤他の誰かになろうとしたり、世間の目・他人の目による、こうなるともっとかっこいいだろうという「もっと」症候群を「やめる」
・会社の先輩を本当にうらやましいと思いますか？
・連休や夏休みに渋滞することがわかっているのに出かけ、疲れていませんか？

なんとなく続けていたことを半分やめるだけで、自分の時間が生まれます。それを、自分だけのコアを見つける時間にするのです。そうすることで、自分の居場所が見えてくるようになります。

必要なのは、考える時間です。

自分を人生の主人公にするために、今こそ「もっと」をやめましょう。

第2章

勝てそうな場所を探して、陣地を作る

日本の社会システムを理解し、これから訪れるリスクを把握して、自分の時間を作ることができたら、「場所取り」を本格的にスタートさせましょう。

その基本は、「勝てそうな場所を探して陣地を作る」ことです。

注意しなければならないのは、勝てそうな場所は誰もが同じではないこと。あなたが選ぶのは、誰も旗を立てていない場所です。旗でなくても、レジャーシートを敷くように、「ここは私の場所だ！」と宣言して、「面」を取ればいい。孟子《もうし》が述べた勝利の方程式、「天の時、地の利、人の和」。このなかで「地の利」が鍵なのです。

勝てそうな場所を探す時には、俯瞰《ふかん》して見ることが大事です。そして「エネルギー」と「面白さ」を意識しましょう。

エネルギーをもらえる仕事、奪う仕事

勝てそうな場所を探して、陣地を作る。1つ目のキーワードは「エネルギー」です。エネルギーがもらえるところに身を置きましょう。逆に言えば、エネルギーを奪われるところに身を置いてはいけません。

私が思い出すのは駅の改札です。

30年ほど前まで、自動改札機はきわめて少数でした。多くの駅では通学・通勤時、改札にズラッと駅員さんが並び、ひとりひとりの乗客の切符を見てハサミを入れたり、「キセル乗車をしていないか」と定期券をチェックしていたのです。

当時、改札の駅員の機嫌や態度は良いものではありませんでした。それは、この仕事がエネルギーを奪う仕事だったからでしょう。彼らの機嫌が悪ければ、そこを関所のように通り過ぎていく私たちも機嫌が良くなるわけはありません。

こんな単純な作業を人間にやらせてはいけなかったのです。

まずオムロンが自動改札機を開発。その後、性能が上がり、ほとんどの駅に設置されました。駅員は、エネルギーを奪う仕事から解放されたわけです。

今後、こうした単純作業やホワイトカラーの「綺麗な事務仕事」をＡＩロボットが奪っていくでしょう。人間が、もっと人間らしい「エネルギーをもらえる仕事」に集中できるように。

他にもエネルギーを奪う仕事はあります。

たとえば、「いい商品だ」と自分が納得できない商品を売ることです。これは辛《つら》い。それを家族や友人にも売らなければならなくなってしまったら、もっと辛い。

自分が心から納得できなかったり、過去に蓄積した信用を食い潰したりするような仕事は、エネルギーを奪います。


逆に、エネルギーをもらえる仕事は、可能ならば、好きなことを仕事にすること。たとえば、自動車の運転が大好きな人にとって、テストドライバーは最高の職業でしょう。信用が蓄積できる仕事も、エネルギーをもらえます。ウエディングプランナーは女性に人気の職業ですが、「あなたのおかげで幸せになれた」と言ってもらえたら、これに勝《まさ》る喜びはありません。

仕事をしながら、仕事からエネルギーをもらえる。仕事自体がエネルギーを生む。そんな仕事もあるのです。

仕事で、絶対にやってはいけないこと

「好きなことが見つからない」「好きなことは趣味に取っておきたい」と言う人もいるか

もしれません。

それなら、与えられた仕事を自分で工夫して、自分ライクに、自分のイニシアティブで、自分の仕事にしてしまうことです。もっと言えば、仕事を自分から好きになっていく。人から与えられたことをただこなすのは、仕事ではありません。それは、「作業」です。仕事とは、自分で作り出していくものだからです。


たとえば、営業で自分のキャラクターを活かすことができたら、エネルギーをもらえるでしょう。なぜなら、その仕事は自分固有のものだからです。

だから、絶対にやってはいけないことは、イヤイヤ仕事をすること。

それでは単なる作業になるし、エネルギーを一方的に奪われることになります。そうではなくて、自分で仕事を面白くしようとして、実際に面白がる。脳を開いて拡張し、エネルギーが入ってくるようにするのです。


「会社員になると束縛が多いから」と、フリーター（フリー・アルバイター）を選択する人もいます。他の理由として、馴染《なじ》みがあるということもあるかもしれません。会社員として働くことはうまくイメージできないけれど、これまでしてきたアルバイトならイメージできるというわけです。

しかし、フリーターの限界も理解しておく必要があります。

コンビニのアルバイトがわかりやすい例ですが、基本的にマニュアルがあります。つまり、自分で工夫したり、自分でイニシアティブを取ったりすることに限界があるのです。

私は、けっしてフリーターを否定するわけではありません。社会勉強ならいいでしょう。ただ、長くやらないほうがいいと思います。

フリーターは自由でイメージしやすいため、短期的にはエネルギーをもらえても、長期的には自分の仕事にすることができず、エネルギーをもらえなくなる可能性が高い。「放電」しているだけでは、しんどいものがあります。

ただし、そうではないアルバイトもあります。

良い会社、悪い会社を見極める3点

私が大学卒業後、リクルートに入社した理由は、リクルートでアルバイトをしていたからです。

アルバイトなのに、大きなエネルギーをもらえたのです。

リクルートの最大の特徴は「社員皆経営者主義」です。アルバイトに至るまで情報を開示し、誰もが経営者のように仕事やシステムの改善について考え、発言し、しばしば改善を実行できました。

たとえば新規事業は、新規事業開発室が行うのではなく、RING（Recruit Innovation Group）コンテストに参加したグループで、入賞すればできます。予算がつき、人事も行われ、その事業を主体的に自分たちで実行できたのです。

採用PRの仕事では、大手企業の人事部だったり、中小企業の社長だったり、組織のコアな人材との仕事が中心でした。

営業は「顧客から教えてもらう」主義で、お客さんからエネルギーをもらいました。

雑誌「住宅情報（現・SUUMO）」では、不動産デベロッパーの売り上げにかかわる開発部門やマーケティング部門と直接仕事をしていましたから、社会を変えている、動かしていることを自覚できました。「じゃらん」「ゼクシィ」も同様です。仕事の相手先のモラルが高いと、エネルギーが入ってくる。

リクルートでは他人の足を引っ張ったり、社内の派閥で政治的に動いて相手を貶《おとし》めたり、といったこともいっさいありませんでした。城山三郎《しろやまさぶろう》や池井戸潤《いけいどじゅん》が小説で描くような社内の確執や嫌がらせは聞いたことがありません。女性もいきいきと活躍していました。派閥が形成されていない組織では、仕事重視の風土が形成されるのです。

ということは、これから就活や転職を考える人は、次の3点が見極めのポイントになります。

①情報が開示されている風通しの良い会社か？
②取引の相手先のモラルが高く、学べる会社か？
③派閥や政治的な確執がなく、仕事に集中できる会社か？

では、エネルギーをもらえる組織では、どういう社員が育つでしょうか。

端的に言えば、圧倒的な「当事者意識」が育成されます。「自分が仕事の主人公だ」という意識です。そして、自分から主体的に仕事をデザインします。

自分自身が主人公であるという意識で仕事ができる環境があれば、仕事からエネルギーをもらえるのです。逆に、誰かの指示によって作業をこなすことばかりさせられれば、エネルギーは奪われるいっぽうになります。

言い方を変えれば、右から左への「情報処理型」業務ばかりだとエネルギーが奪われ、自分で主体的に考え、仮説を導いて試行錯誤が許される「情報編集型」のクリエイティブな業務からはエネルギーがもらえるということ。

転職や転居など「場所」を変える時にも、エネルギーがもらえるか否《いな》かは大事な目安になります。具体的にはエネルギーがもらえる会社・仕事か、エネルギーをもらえると感じる土地・物件か、です。

どうすれば自分はエネルギーがもらいやすいか、を考えることも大切です。

たとえば、毎日出社するのがいいのか、リモートワーク中心がいいのか。単に、リモートワークを推奨されているからするのではなく、あくまでエネルギーをもらえるか否かで判断すべきです。

エネルギーがもらえる度合いは人それぞれですから、自分自身がエネルギーをしっかりもらえる場所を選びましょう。

SSKで身を滅ぼしてはいけない

社内でのポジションにも注意を払いましょう。

昇進を手放しで喜ぶような〝おめでたい人〟になってはいけません。昇進した結果、エネルギーが大きくなる人はいいですが、なかにはエネルギーを奪われる人もいるからです。

私は40歳でリクルートを退社し、インディペンデントの新規事業の立ち上げ屋として、リクルートではじめて、会社と対等のプロフェッショナル・パートナー契約を結びました。「フェロー制度」です。

当時、私は部長職にあり、3人の子供（6歳、2歳、0歳）を抱えていました。そのような状態で〝一匹狼《いっぴきおおかみ》〟になるのは珍しかったようで、マスコミからたびたび取材を受けました。何度も聞かれたのは、「どうしてそんなリスクを冒《おか》すのか」です。

会社という組織のなかでは、現場を離れて課長、部長、局長と昇進すると、定年までに大きなリスクを背負い込むだろう、と私は考えていました。

部下を預かり大きな部隊を率《ひき》いるほど、したい仕事を自分でできなくなります。できるだけ部下に任せて、その育成を図《はか》るのが、管理職の仕事だからです。

こうして、自分の時間の6〜7割は次の3つに費やされることになる。

①接待や部下との同行営業、これには社内接待の時間も含まれる
②部下の査定や人事、これには部下との飲み会の時間も含まれる
③会議とその根回し、これには関連部署との社内調整の時間も含まれる

私はこれを称して、「接待（Settai）」「査定（Satei）」「会議（Kaigi）」の頭文字を取って「SSK比率」と呼んでいました。実際、役員のスケジュール表を見れば一目瞭然です。「SSK比率」が9割に達する人もいるのです。

会議に出れば出るほど、自分本来の仕事をする時間が奪われます。仕事ができる人ほど偉くなり、偉くなるほど仕事をする時間が減る。これが昇進のジレンマです。

会議の進め方はうまくなっても、どんどん仕事のできない人になる。そして、自分が偉

いという幻想に酔っているうちに、現実が襲ってきます。外の社会で通用しなくなっていることに気づかされるのです。

だから、可能な限り、ＳＳＫに費やす時間を極小にしましょう。

40歳で部長職を擲《なげう》つのと、自分本来の仕事ができずに無能化するのと、どちらがリスクが高いか。

私は、後者だと考えたわけです。私には、多くの会社員はリスク（組織に潜《ひそ》むリスク、エネルギーを奪われるリスク）を先送りしているだけに見えました。

あらゆる組織は無能化する

「いや自分はそんなことにはならない。部下を率いながら、自分の仕事ができる」と考える人もいるかもしれません。

しかし、どんな組織にも否応《いやおう》なく、そのリスクは潜んでいます。

それを教えてくれるのが「パーキンソンの法則」です。

これは「公務員の数は仕事の量に関係なく一定の割合で増加する」が本来の意味でした

が、今や「あらゆる組織は肥大化する傾向にある」という一般的な基本原則として認識されています。

昇進した人が優秀であればあるほど、自分の仕事の領分を広げるために人を雇って仕事を増やし、組織は大きくなります。いっぽう、能力の高くない部長・課長は組織効率を上げることができないため、部下を必要とする。

つまり、どちらにしても組織は放っておけば無意味に拡大していく傾向にあるのです。

組織にはもう1つ、「ピーターの法則」があります。

すなわち「時が経つにしたがって、階層社会のすべてのポストは、その責任をまっとうしえない従業員によって占められるようになる傾向がある」。

たとえば、営業で優秀な担当者は主任になり、優秀な主任は係長に昇進しますが、昇進したとたん、ダメになる人がいます。人柄がいいから売れていた人、現場だからこそ活《い》きた技術・能力が昇進したことで使えなくなった人などです。また、マネジメントやリーダーシップという余計な負担に耐えきれず、管理能力のなさを曝《さら》け出す人もいます。

なんとか課長を切り抜けた人も、総括課長、次長、部長、取締役、常務、専務、副社長と、その能力が発揮できなくなるまで昇進が続いていきます。こうして、各層のポストを占めるのは、「そこで自分の限界に達してしまった人たち」だらけになるのです。

この法則は、階層組織が「昇進」を原動力に従業員の動機づけを行う限り、すべての組織に当てはまります。

つまり、あらゆる組織は肥大化し、無能化するのです。へたをすると、個人の本来の能力は発揮されずに埋没し、組織は沈滞していきます。

個人×組織

そこで、組織の法則から個人が抜け出す技術があります。

「〝創造的〟無能」の演出です。

自分が力を十分に発揮できるポジションに留《とど》まり、それ以上昇進させられないようにすること。欧米では、部長や役員への昇進を断り、現場に留まりながら年俸や条件を上げさせるケースは少なくありません。

やりたい仕事をするというエネルギーの面でも、能力を奪われないリスクヘッジの点でも、ぜひ頭に入れておいてください。

そうはいっても、会社とはうまくつきあっていきたい、と思っている人も多いでしょう。その場合に意識してほしいのが「ベクトルの和」です。

会社と「ベクトルの和」の関係を作ること。

会社には、会社の利害や目指す方向性のベクトルがあります。いっぽうで、自分には自身の人生を豊かにする方向性のベクトルがある。2つのベクトルの向きは、必ずしも一致しないことがほとんどです。

だったら、図3（66ページ）のように、会社のベクトルと自分のベクトルを2辺とする平行四辺形をイメージして、その対角線上に補助線を引くとどうなるでしょう。

幾何学で「2つのベクトルの和」と呼ばれているものです。

会社のベクトルと個人のベクトル、どちらかを犠牲にするのではなく、それぞれを活かしたベクトルを考える。ベクトルの和にすることで、会社の力と個人の力がシナジー効果を上げ、そのどちらかの単独よりも、社会を動かす力が強いベクトルが得られるようになります。

図3 ベクトルの和

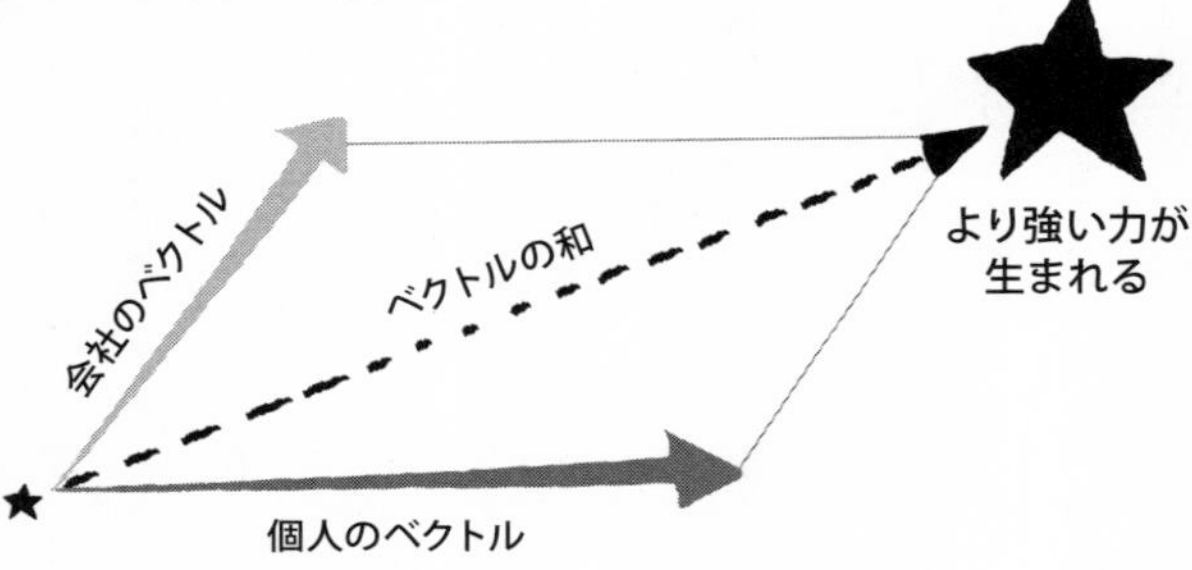

ベクトルの和は、個人的に関心の強いテーマやプライベートにかかわることを、仕事上のミッションの一部にしてしまうことを可能にします。こうなれば、自分の個人エネルギーも最大に引き出されます。

会社と自分を対立させる構図にしないことが重要です。ただ、個人も変化しますし、会社も変化します。ですから、ベクトル合わせは常に続けていく必要があります。それが、エネルギーを常に得るコツです。

前述のように、私は40歳で、特命新規事業担当フェローの立場を選びました。

私が当時設定した仕事上の4つのテーマ「教育」「介護を中心とした医療」「住宅」「会社や組織の壁を超えた個人と個人のネットワーク」は、会社に利益をもたらすテーマであったため、リクルートは合意してくれました。

まさにベクトルの和ですね。

仕掛ける側、発信する側に回ろう

勝てそうな場所を探して、陣地を作る。２つ目のキーワードは「意識の転換」です。意識を、受け手から送り手へと大きく転換するのです。

先にも触れた「情報処理力」と「情報編集力」の違いは、図4（69ページ）のように表すことができます。

この3番目に「ルールを守らされる人」「ルールを創り出す人」があります。自分のポジショニングを考える時、どちらにいたほうが豊かな人生につながるか、答えは明白でしょう。もちろん後者です。

大ヒットしたコミック『ドラゴン桜』（三田紀房《みたのりふさ》著、講談社）では、教師の桜木建二より生徒たちに、次の言葉が放たれます。

「社会のルールってやつはすべて頭のいいやつが作っている」

ルールを作る側に回りたければ東大に入れ、そうでなければ一生、ルールの下で支配される側に回るしかない、というのです。極論ですが、このメッセージが本質を突くものであり、そのことが読者の心に響《ひび》いたのかもしれません。

電車内で、いやホームで電車を待っている間も、ネットゲームに興じている人を見かけることがありますが、悲しい気分になります。

メーカーが作ったゲームをただ楽しんでいるだけでは、エンターテインメント情報を消費しているだけです。そうではなく、「これはどういう仕掛けになっているのだろう」とゲームの構造に思いを馳《は》せ、「自分だったらこうするかな」という意識で遊べば、ゲームクリエイター（ゲームメーカー）の意識になれます（図4の2番目）。

それこそ、受験もゲームの一種です。ただ出された問題を解くのではなく、目指す高校・大学の過去問を解いて分析し、「来年の入試では、いつも出ているこの箇所が出るかも」「この数年間、問われていないテーマが来るのではないか」などと出題者の意図を推理して、戦略的に勉強する人が強い。

日本人のブランド好きは昔から変わりませんが、いつまでブランド品を買い漁《あさ》るだけな

図4　意識の転換

	情報処理力		情報編集力
1	会社人間、組織人	→	会社内「個人」、組織内「個人」
2	ゲーマー	→	ゲームメーカー
3	ルールを守らされる人	→	ルールを創り出す人
4	消費者の視点	→	資本家・経営者の視点
5	給料をもらって作業する雇用者	→	自営業者の意識で自ら課題解決する仕事人

のでしょうか。

　コレクションを片っ端から買っているなら、ただの消費者に過ぎません。それほどまでに気に入っているのなら、「このブランドは伸びるに違いない」と、そのブランドを展開している企業の株を買ってみたらどうでしょう。

　その瞬間、「消費者の視点」から「資本家・経営者の視点」に変わります（図4の4番目）。オーナー、経営者の意識を一部共有することができるのです。そして「次はこの製品ラインに新製品が出てくるな」「若い女性には、このような訴求が有効ではないか」など、仕掛ける側の意識が持てるようになります。

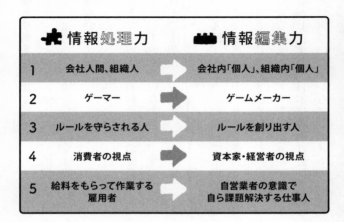

希少な情報を生み出すには？

ゲーマーとゲームメーカー、消費者の視点と資本家・経営者の視点。ここで問われるのは「情報」です。情報を単に受け取っているだけか、情報を創り出して発信する側か、という違いです。

ゲーマーおよび消費者、その延長に、組織から与えられた作業をする雇用者の姿があります。いずれも受け身の存在です。

日本の産業社会が戦後一貫して育ててきたのは、情報処理能力の高いホワイトカラーとブルーカラーでした。これは、すなわちゲーマーです。

たとえば、メーカーに勤めて工場で製造にかかわり、給料をもらってそのお金を住宅ローンに注ぎ込みマイホームを買う。家電製品を買い揃え、自動車も買って、旅行にお金を使う。さらには、子供を塾に行かせる。これで、高度成長期までは豊かさを享受しながら幸福になれました。

しかし、すでに日本は成熟社会に入っています。消費だけでは幸福になれません。そのことに気づいた人からゲームメーカーに転じ、情報を生み出す側に身を置いています。

このことを組織という観点で見れば、「会社人間、組織人」から「会社内『個人』、組織内『個人』」へ、ということになります（図４の１番目）。

組織のなかで、ただの会社人間、組織人としてふるまうのではなく、会社内「個人」、組織内「個人」に目覚《めざ》める。言い換えれば、自営業者の意識で、自らの課題解決を行う仕事人になるということです。

では今、どこが情報を創り出しているでしょうか。どこなら質の良い情報が入ってくるでしょうか。

もはや新聞記者が情報を持っている時代ではありません。テレビ局でもない。情報は、あらゆるところで生み出されています。たとえばＳＮＳ。ＳＮＳは一《いち》個人が出版社、新聞社、放送局になれるツールです。

ただし、インスタグラムに旅先の風景や料理の写真を投稿するだけでは、情報を発信したことにはなっても、情報を創造したことにはなりません。他人にも価値ある情報を創造するためには、編集が必要です。ここでも「希少性」なのです。

希少性のある情報を生み出すには、自分が希少性のある存在になるのが一番です。

あなたのポジショニングが問われるわけです。その立ち位置は、情報を生み出す上でも価値があるか、ということ。需要が多い分野で、供給が少ない場所であれば希少性は高まります。

希少性は時給、すなわち「仕事の値段」を上げる上でも有効です。

希少性が認められない場所で仕事をしていると、誰もができることですから値切られてしまいます。価格の決定権を他人に委《ゆだ》ねている限り、時給は上がりません。しかし、キャリアの希少性を高めれば、会社と取引ができるようになり、自分の仕事の値段を自分で決められるようになります。

情報を生み出せる、希少なポジショニングを取ることが重要なのです。

仲間が面白がる場所を探す

勝てそうな場所を探して、陣地を作る。3つ目のキーワードは「遊び場」です。

仲間と一緒に遊べる場所、仲間が面白がってくれる場所を探しましょう。思い切ったチャレンジでポジショニングを考えるのです。

社会貢献度の高いミッションであればあるほど、力のある人が助けてくれます。その実体験を紹介しましょう。

詳しくは次章でお話ししますが、私は47歳の時、杉並《すぎなみ》区立和田《わだ》中学校の校長に就任しました。東京都では義務教育初の民間校長。2003年のことです。

はじめての入学式の校長挨拶で、私の足は震《ふる》えていました。私は2000人を相手に講演することもありますし、高視聴率を誇るテレビ番組に出演しても緊張することはありません。しかし、この時は違いました。

中学生たちには、私の実績やキャリアなど、まったく関係ありません。保護者も同様です。何も身にまとっていない、素のままの自分が試され、吟味されている。それは恐怖でした。

初の民間校長として、メディアに派手に取り上げられるいっぽう、私は非力でした。過去に培《つちか》ってきたすべての武器を投げ捨てて、新しい戦いに挑《いど》まねばならなかったのですから。

しかも、私が対峙しなければならないのは、生徒や保護者だけではありません。公教《こうきょう》育《いく》改革は世間から支持されていたとはいえ、学校という世界で簡単に受け入れてもらえるわけではなかった。私は数十万人の教員を相手に、たった1人で改革に挑むという、不利な戦いを強《し》いられたのです。明らかに無謀でした。

しかし、私はこの時、1つの真理を知りました。

無謀なことをやろうとすればするほど人は応援してくれる、ということです。

実際、市井《しせい》の人々はもちろん、識者たちが次々と私に助け船を出してくれました。詩人の谷川俊太郎《たにかわしゅんたろう》さんは息子の賢作《けんさく》さんと共に授業に来てくれましたし、ノーベル物理学賞を受賞された小柴昌俊《こしばまさとし》東京大学特別栄誉教授は受賞直後のもっとも忙しい時期に真っ先に、私と対談してくれました。

他にも、ジャーナリストの櫻井《さくらい》よしこさん、作家の林真理子《はやしまりこ》さん、考古学者の吉村作《よしむらさく》治《じ》さん……さまざまな人がいろんな形でバックアップしてくれたのです。

「公教育の改革」という大義名分は大きかったと思います。

でも、それだけでは、彼らは動かなかったでしょう。圧倒的に不利な状態にたった1人で挑んでいる、よく知らないけど元気のいいヤツがいる。だから応援したくなったのです。

こうして、和田中学校ではさまざまな改革が行われ、成果として結実しましたが、その最大の要因は、多くの人が私を助けてくれたことに尽きます。

大義があれば、無謀なことでもやってみる。

その戦いが無謀であればあるほど、応援してくれる人が現れます。実は、多くの人が何かをしたいのです。だから、そのための場を用意する。仲間が面白がってくれる場所を探し、自ら率先して、そこに飛び込む。そうすれば、応援してくれる人が必ず現れます。

この経験以来、私は「必ず味方が現れる」と信じて、いろいろなところで戦うことを決めました。だから、私の「場所取り」は〝振り切った〟ことが多いです。

詳細は第5章でお話ししますが、建築家の隈研吾《くまけんご》さんと挑んだ奈良市立一条《いちじょう》高校の講堂建て替えプロジェクトの推進、富士山《ふじさん》に鉄道を敷くプロジェクトの応援団長など、オンリーワンのプロジェクトばかりです。

大事なのは「面白がってもらえるか」という視点です。

もっと言えば、「遊びの要素があるか」。

各人それぞれの立場で協力できて社会貢献度も高い、何よりも面白そうなこと。そのように思ってもらえる「遊ぶように貢献できる」仕掛けは、多くの協力者を巻き込むことができるのです。

なお、多くの人を巻き込むもう1つのポイント「自分の弱さを見せる」については、第5章で説明します。

意識して環境を変える

勝てそうな場所を探して、陣地を作る。4つ目のキーワードは「環境」です。

環境と経験だけが人を変える。私はそう信じています。

自分の身を置く環境を変えれば、世の中の見え方が変わります。また、自分の服装を変えると、周囲からの見え方が変わり、自分を変えることにつながります。世の中の見え方が変わると人生のモードが変わり、コミュニケーションが変わる。人生の豊かさは会話で決まりますから、コミュニケーションを変えることは、人生を変えることになります。

つまり、環境が変わることは大きな意味を持つのです。

それこそ週末だけ熱海《あたみ》で過ごす生活を始めるだけでも、人生は変わるでしょう。私の場合は、フランス・パリでした。私は37歳から2年間、リクルートの社員としてヨーロッパに駐在しました。それが、大きく私の人生を変えたのです。

とはいえ、確たる自信があったわけではありません。正直に言えば、逃げたのです。

私は当時、40歳以降は何をテーマにどのような人生を送ろうか、迷っていました。モデルもなかったので、どうもイメージが乏《とぼ》しく、混沌としていたのです。まさに、ポジショニングに悩んでいたのです。だから、環境を変えようと思い、パリに逃げた。

入社早々トップ営業マンになり、とんとん拍子で出世をして、広報課長や調査課長などをはさみ、30代前半で東京営業統括部長になりました。その後、専門職に移行し、出版社の設立に携わります。そのために相当なリサーチを重ね、日本社会がどこに向かおうとしているのか、おぼろげながら観《み》えるようになっていました。

私が考えた、その後の日本社会。それは「成熟社会」です。

個々人が多様な価値観を持ち、それぞれの生き方を追い求める社会になるだろうと予測したのです。ただ、「自分自身が進むべきはこの方向だ」という思いまでには至れず、焦《あせ》っていた。そこで私が取った行動は、ヨーロッパ行きを会社に直訴することでした。名目は、成熟社会における新規事業のヒントを見つけてくること、としました。

自分がこれまでに築いてきた経歴や地位を捨てるリスクを冒しての渡航です。でも、このように思い切って逃げてみるのも悪くありません。思わぬものが、手に入ることがあるからです。

芸術的生活術

ヨーロッパ行きは無謀なチャレンジでした。

私は英語を流暢《りゅうちょう》に話せたわけではありませんし、そもそもヨーロッパでは誰もリクルートという会社など知りません。

手探りで踏み出さざるを得ませんでした。ゼロからのスタートです。

私はイギリス・ロンドンに1年1カ月、フランス・パリに1年3カ月滞在しましたが、その結果、人生の中心的な価値について確信するに至りました。

一足先に成熟社会を迎えていたヨーロッパは、日本の高度成長期のような「みんな一緒」の社会ではありませんでした。

日本では「団塊《だんかい》の世代」の旺盛な消費行動が注目されていましたが、ヨーロッパでは塊《かたまり》が「それぞれひとりひとり」に分かれていました。上下にも、前後にも、左右やナナメにも。


私はパリで、生活を楽しみ、人生を豊かに生きようとする真摯《しんし》な人々の姿を間近《まぢか》に見ました。国よりも、産業社会よりも、自分自身の人生と人々とのかかわりを大事にするフランス流の生活信条を肌で感じたのです。

それを象徴する言葉が、「Art de vivre（アール・ド・ヴィーヴル）」です。意訳すれば「人間と人間の間を取り持つコミュニケーション手段としての芸術的生活術」となりましょうか。しかも「アール・ド・ヴィーヴルは○○である」という一般解はありません。ひとりひとりが自由に考えて解釈し、試行錯誤しているのです。

だから、夫婦でも考え方が別々であることは当然ですし、女性に道を譲《ゆず》り服装や髪型を褒《ほ》めることも、料理を楽しむためにテーブルクロスを選ぶことも、アール・ド・ヴィーヴルです。電車を1台やり過ごして次の電車で座っていくことも、昨日の繰り返しを続けないという意味でアール・ド・ヴィーヴル。

日常生活のなかにちょっとした喜びを発見して、コミュニケーションを楽しむこと。実際、彼らは会話を大事にし、食事を大事にし、そこで共有する時間を大事にしています。

日常のささいな事象のなかにこそ、幸せの本質はある。

そんな彼らの生き方に、私は感銘を受けました。

では、日本人の人生観の中心的価値は何か。

パリで暮らしている間に考え込んで出てきた結論は、次の仮説でした。

「うまく生きること」。強引に言い換えれば「無難に世間を渡る処世術」です。

日本人は、自分が主人公として人生を生きるよりも、他者の目を気にする傾向が強く、その意識が強い。そして、変化にうまく適応してオイシイ思いをすることに価値を置いているのではないか。

先に、日本人の宗教観は「現世利益」であると述べましたが、日本の近代史が示してきた典型的な日本人の人生観は、こうした、悲しいくらいに合理的な商売感覚の強いものだ

った と思います。

「正解」のない社会で生きていくには？

どうして、フランス人は、人間と人間の間を取り持つコミュニケーションにこだわるのでしょうか。

その背景には哲学がある、と私は感じました。

フランス人には「人は生《せい》を享《う》けて死を迎えるまで、結局、他人と完全にわかり合うことなどできない」という、絶対的に孤独な人間観があります。だから、「いかにわかり合えない者同士が、共に幸せに生きていくことができるか」に意識が向かうのです。おいしい食事、知的な会話、人が幸福を共有する時間を大事にする。そうした方法を日常のなかで模索している。

これこそ、成熟社会の底に流れる基本認識ではないでしょうか。

いっぽう、かつての日本のような社会的に画一化された価値観は便利でラクチンです。何も考えずに、世間が「正解」と認定した価値観を受け入れ、そこに向かって走ればいいからです。

しかし成熟社会では、そうした価値観もパターン化された行動も通用しません。みんなで追いかけても全員がそれを手に入れることはできませんし、手に入れたとしてもみんな一緒に幸福が味わえるとは限らないからです。

つまり、目の前に、全員に約束された幸せという一般解がないのです。あの人の背中を追いかけていれば大丈夫というモデルもない。

こんな時代に幸せになるためには、「何が幸福なのか」を自分自身で定義しなければなりません。ところが、今なお日本人は〝正解っぽい〟モデルを追いかけている。

だから、不安がどんどん募《つの》っていくのです。


私がヨーロッパで暮らしていた1990年代前半、バブルは弾けていましたが、日本経済は今のようなひどい状態にはありませんでした。日本人の価値観も揺らいでいなかった。

しかし、成熟社会はジワジワと押し寄せてきていました。「それぞれひとりひとり」の時代がどんどん深まっていたのです。

そして、多くの人が「心の拠《よ》り所《どころ》」を求めるようになりました。

その現れがSNSです。

ほとんどの人が肌身離さずスマホを持ち、いじっている国など、世界で日本だけではないでしょうか。それだけ日本人は寂しく、不安なのです。1人になる恐怖心が大きく、誰かとつながっていたいという気持ちが沸《わ》き立つのでしょう。

日本人の不安感を表すものとして、ブランド信仰が好例です。

エルメスを持っている。グッチを持っている。それが、特定の価値を共有した仲間、つまりコミュニティへの参加権になります。そうすることで安心する。

私は、ブランドのことを「制服」と呼んでいます。それがあれば、同じ仲間だと認めてもらえる、わかりやすいアイコンだからです。

ヨーロッパでは、孤独に対する不安は宗教が和《やわ》らげてくれます。日本では、その宗教が果たす役割を、SNSやブランドが受け持っているのかもしれません。

そのような行為を否定はしませんが、自覚は必要です。なぜSNSにはまり、ブランドに熱中するのか、を認識しておきましょう。

奈良でハイエンドかき氷マシンが生まれた理由

私はパリで哲学に出会いました。

このように、思い切って海外に行くことは人生を大きく変え、自分のポジションを見つける1つのチャンスになります。

もちろん、国内で何かに出会うこともあり、です。

その地ならではの価値に気づけると、面白い「場所／ポジション」が見えてきたりします。その1つの例として、奈良で生まれた1台350万円のかき氷マシンがあります。

近年、かき氷がブームになっていますが、その背景には氷がサクサク削《けず》れるようになったハード面の技術革新や、かき氷にかけるものが多様になったソフト面の進化がある。

そのようなかで2020年秋、かき氷界のフェラーリとも呼ばれるマシン「himuro」が誕生しました。価格は1台350万円（税別）、常識外のハイエンドマシンです。

発祥は奈良。理由はシンプルで、東大寺《とうだいじ》の門前にある氷室《ひむろ》神社は「氷の神様」を祀《まつ》り、氷柱などを奉納する「献氷祭《けんぴょうさい》」が行われるなど、かき氷の聖地だからです。

約1300年前、聖武《しょうむ》天皇に献上する食物を氷によって保存した氷室が、奈良にあります。すでに氷が商品として売られていたのです。清少納言《せいしょうなごん》は『枕草子《まくらのそうし》』で「あてなるもの（中略）削《けづ》り氷《ひ》にあまづら入《い》れて、あたらしき金鋺《かなまり》に入《い》れたる」（池田亀鑑《いけだきかん》校訂『枕草子』岩波文庫）と表現しています。

「himuro」を開発した上田勝《うえだまさる》さん（現・スチュアート代表取締役）は塾の経営者で、製造業に携わったことはありませんでした。

２０１６年春、私は奈良市立一条高校の校長に就任します（次章で詳述します）。私は就任前、一条高校がどのようなポジションにあり、どう評価されているのかを知りたくて、市内の塾を回っていろいろな人に話を聞いたのですが、上田さんはそのうちの１人でした。

しかし、上田さんの話はそこに止《とど》まりませんでした。もともと学生時代にレンタルレコード店を開いて大成功。次に始めたビジネスが学習塾だったのです。ネットワークが広く、フットワークも軽い人物でした。

かき氷マシンの開発アイデアは、飲み会から生まれました。

私が、奈良市で創業１５０年を超える印刷会社・明新社の社長で、奈良市観光協会会長でもある乾昌弘《いぬいまさひろ》さんを紹介したところ、２人が同年同月生まれであることがわかり、意気投合。「かき氷の発祥は奈良」という一言から一気にプロジェクトは動き出し、「himuro」開発へと結実したのです。

土地の謂《いわ》れ（物語）は、こういうことを起こします。場所を意識する。場所を変える。そうすると、何か、不思議なことが起こるのです。

「キャリアの大三角形」を作る

勝てそうな場所を探して、陣地を作る。5つ目のキーワードは「キャリアの大三角形」です。これは、自分を希少性のあるレアな存在にするための方法です。

レアな存在と言っても、今からオリンピックのメダリストを目指す必要はありません。競技人口100万人なら、メダリストは99万9997人を倒さなければなりません。そんなことをしなくても、あなたは、オリンピックのメダリスト級の、100万人に1人の存在になることができるのです。

先に、1万時間取り組めば誰でもその仕事をマスターできる、と述べました。そうすることで、その分野で100人に1人の希少性を得られるようになります。1万時間は5〜

10年の練習量（これも前述しましたね）。仮に営業の仕事を集中して10年続ければ、営業ができるという意味において、100人に1人の存在になれるわけです。

これを複数回、経験したらどうなるでしょう。

仮に、3つのキャリアを5～10年ずつ経験したとします。1つのキャリア／スキルをマスターすれば100人に1人のレアな存在になれるわけですから、3つのキャリア／スキルを掛け算すれば、100分の1×100分の1×100分の1＝100万分の1の希少性が実現します。

これは、オリンピックのメダリスト級のレアさになります。同世代に数人の存在ですから、雇われる力が飛躍的に高まり、時給も高くなるはずです。

このような存在になるための具体的な方法が、「キャリアの大三角形」なのです。

「キャリアの大三角形」は図5（88～89ページ）のように作ります。

まず20代に、1歩目の足場を作ります。5～10年で三角形の起点となる「左の軸足」を固めるのです。喩《たと》えるなら、バスケットボールでピボットする時の軸足です。

職種は問いません。営業でも、経理でも、ITでもいい。とにかく、続けられる仕事を

40代

$$\frac{1}{100}\times\frac{1}{100}\times\frac{1}{100}=\frac{1}{100万}$$

40代で
3歩目を踏み出し、
「キャリアの大三角形」を作る

※面積＝希少性

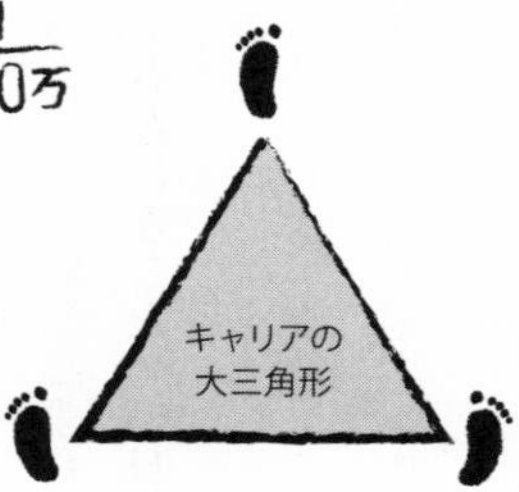

50代〜60代

3D化（立体化）

50代~60代で
「キャリアの大三角形」を
底面として3D化（立体化）を図る

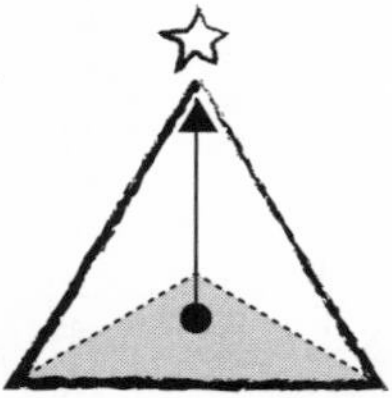

完成形（三角錐）

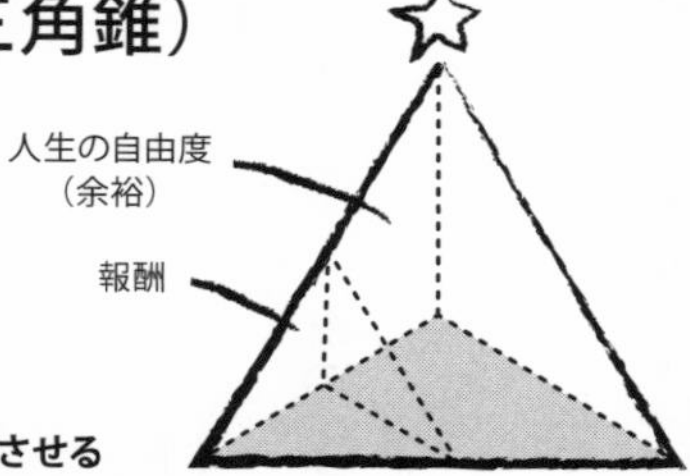

自分の「器」を完成させる

※体積＝他者からの「信任」の総量

図5「キャリアの大三角形」の作り方

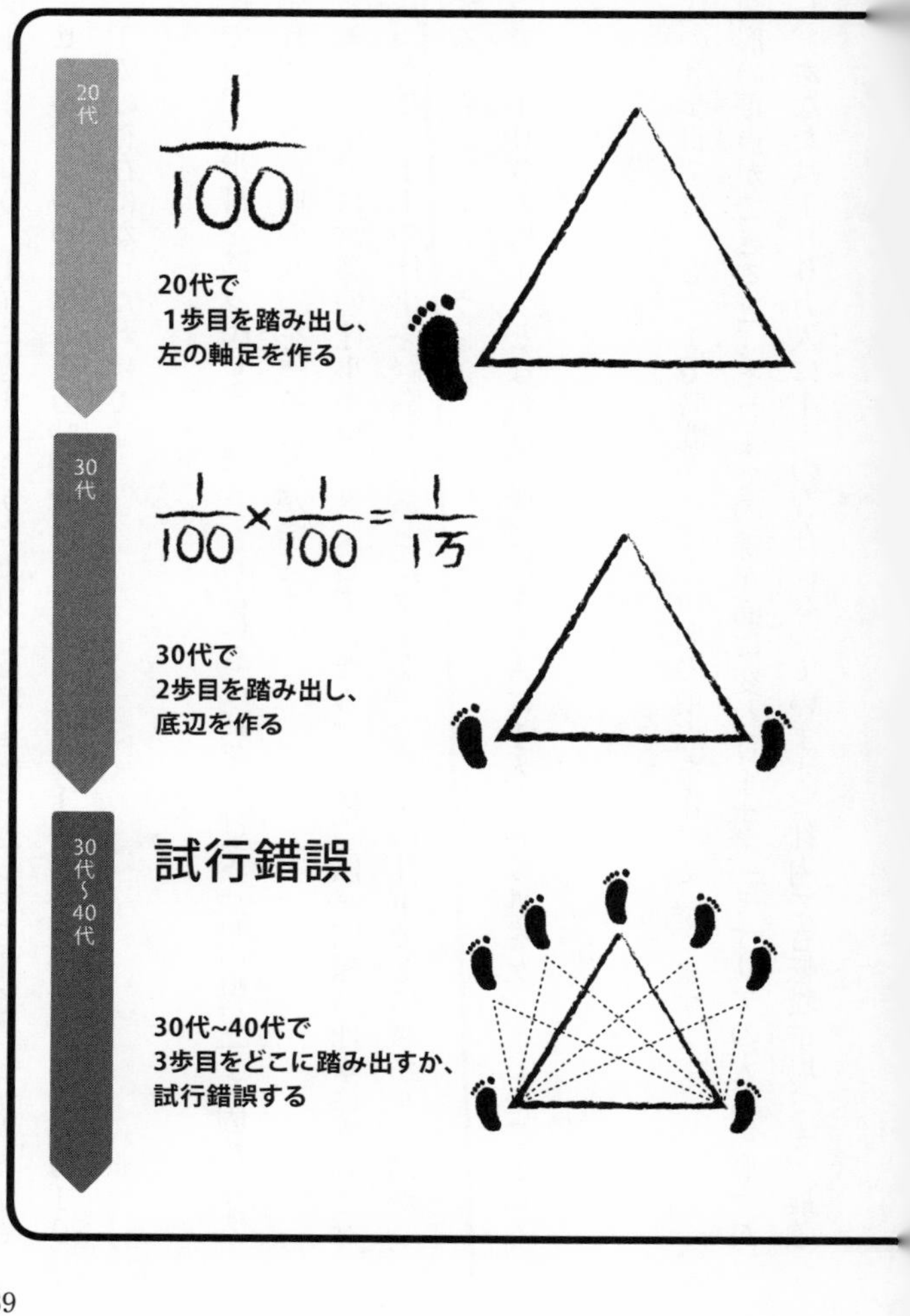
20代
1/100
20代で
1歩目を踏み出し、
左の軸足を作る
30代
1/100×1/100=1/1万
30代で
2歩目を踏み出し、
底辺を作る
30代~40代
試行錯誤
30代~40代で
3歩目をどこに踏み出すか、
試行錯誤する

マスターしましょう。上司に恵まれなかったり、転職を繰り返したりすることがあるかもしれませんが、1つの仕事を1万時間続けたら、ステージ1をクリアです。あなたは100人に1人の存在になったわけです。

30代では、2歩目を踏み出しましょう。新たに5～10年かけて「右の軸足」を固めます。そうすれば、三角形の底辺を作ることができます。

たとえば、すでに営業の仕事をマスターしていたら、次は宣伝・広報の仕事に異動させてもらったり、ITの仕事を経験したあとにマーケティングの仕事でそのスキルを活かしたりするのもよいでしょう。

ここでも100人に1人となれば、すでに1万人に1人の希少性をゲットしたことになります。

40代の3歩目では、もう1万時間かけて三角形の頂点を作っていきます。

三角形の頂点ができると、それまでの線が面に変わります。「キャリアの大三角形」が完成し、あなたは100万人に1人の存在になっています。社内でも転職市場でも、最強の武器は、あなたの希少性になるでしょう。

なお、50代から60代で作る「完成形（三角錐《さんかくすい》）」については第4章で説明します。

「3歩目」は大きく踏み出そう

「キャリアの大三角形」を作る際に、注意すべきことがあります。

それは、三角形の面積をいかに広げられるか。

なぜなら、三角形の面積がそのまま「希少性」の大きさになるからです。たとえば、営業（1歩目）と宣伝・広報（2歩目）を経験したのち、3歩目でマーケティングに踏み出しても、希少性は出てきません。2歩目に近いからです。まったく畑違いの掛け算のほうが、希少性を生み出すことができる。

ですから、3歩目の掛け算には「！（ビックリマーク）」を意識しましょう。サプライズ、驚きです。普通の掛け算をしていても、誰も驚いてはくれません。ポイントは掛け算の「妙」にあるのです。

図6（92〜93ページ）に例を挙げてみました。どうですか。これらのキャリアを持った人なら、少なくとも話を聞いてみたくなりますよね。

〈華麗・風変わりなステップアップ〉
●高校中退→パチンコ店店長→起業　熊谷正寿
●高校中退→バイク王営業→IT企業人事本部長　小野雄太
●ファッション雑誌モデル→カリスマ販売員→保険営業マン　小川泰紀

〈業界知識を表現するだけでお金に〉
●美容師×イラストレーター　TAKUO
●AV女優×マンガ家　峰なゆか
●看護助手×マンガ家　野村知紗

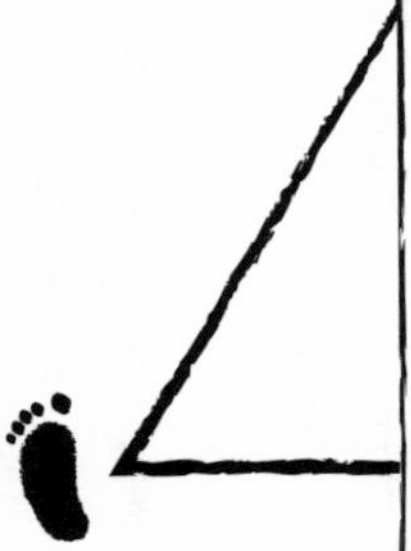

〈二足の草鞋、履いてます〉
●メーカー役員×作家　上田健次
●医師×格闘家　池井佑丞
●医師×服飾デザイナー　Dr.まあや(折居麻綾)
●僧侶×居酒屋オーナー　潮留淳仁
●僧侶×税理士　河村照円
●茶道家×プロスケーター　熊野宗寛
●作曲家・ピアニスト×証券マン　D flat
●芸人×ゴミ清掃人　滝沢秀一(マシンガンズ)

〈アルバイト感覚で副業〉
●ルートセールスマン×週末・海外観光客向け個人タクシー
●国語教師×書籍の校閲者
●体育教師×水泳インストラクター

〈趣味の延長で始めたら、うまく転がって〉
●元商社マン(丸紅)のラーメン店主　藤岡智春
●元新聞記者の史跡ガイド
●元体育教師のダイビングインストラクター
●元外食産業マンの飲食店経営

図6 キャリアの掛け算例

※下線は実在の人物、組織(敬称略)

〈スーパーキャリア、オンリーワンの強み〉

●東大首席卒業×司法試験合格×国家公務員Ｉ種試験合格　山口真由

●パイロット×俳優×教師　久我秀徳

●Jリーガー×教師　中野圭

●電通コピーライター×保険営業マン×俳優　芦名佑介

〈これがあると本業に大きなプラス〉

●冒険家×医師　関野吉晴　※途上国や未開の地では医師が重宝

●ホテルマン×通訳案内士　※英・中・韓国語

●保育士×管理栄養士　※幼児への食育実践

●出版社・編集×営業&宣伝　※著者に「作る」から「売る」まで提案

●コンサルタント×心理カウンセラー　※組織から個人までコンサル可

〈これからほしいWキャリア・能力〉

●学士(理学[数学])×修士(経済学)　※金融工学のスペシャリスト

●医師×薬剤師　※世界レベルの医薬品開発

●経理知識×プログラミング　※経理システムの構築、保守業務を受託

●百貨店外商×投資信託　※富裕層へのアプローチ

●地方(在住)×都市(流通)　※いろどりの葉っぱビジネス

〈異種〝格闘戦〟〉

●農家×ＤＪ　駒形宏伸

●学者×漁師　本藤靖

●回転ずし店長×教師　坂本良晶

●聖飢魔IIドラマー×保険営業マン　古川徹

〈前職の技能・人脈を活かして実績を挙げました〉

●銀行マン×僧侶(築地本願寺宗務長)　安永雄玄

●電力会社営業マン×駅伝部監督　原晋

●俳優×マネージャー　柏原崇

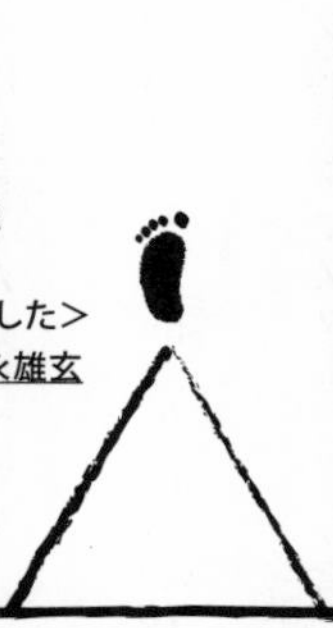

ところが、20代・30代の足場にこだわり、3歩目で大きく踏み出すことをためらう人が少なくありません。そうすると、三角形の高さが出せずに面積が小さくなり、希少性が薄らいでしまいます。

ですから、2つの1万時間で底辺を作ったあと、3歩目をどこに踏み出すか、よく考えましょう。30代から40代にかけて「こっちかな、あっちかな」と大いに迷っていい。試行錯誤してかまいません。

私は37歳から47歳まで、試行錯誤を続けました。前述のヨーロッパに行ったこともそうですし、40歳で会社をやめてフェローという立場を会社に提案したこともそうです。

22歳でリクルートに入社し、5年間で営業とプレゼン技術を磨きました。いずれも1万時間に達していますから、左の軸足が固まりました。

他社に転職しても「営業とプレゼン」なら通用するレベルであり、基本的な生活費が稼げるライフラインが固まったことになります。

次に27歳から37歳の10年間で、リクルート流の「マネジメント」をマスターしました。役職では、課長代理から営業統括部長まで。右の軸足が固まり、三角形の底辺を作ることができました。
「営業とプレゼン」×「マネジメント」の掛け算で、1万人に1人の希少性を確保したこ
とになります。どの業界に行っても、「営業とプレゼン」×「マネジメント」で勝負がで
きる。販売するものがコンピュータでも化粧品でも通じる技術を持てたということです。
営業課長や営業部長としての「雇われる力」が高まったわけです。
ただ、このままでは、社内から次々に「営業とプレゼン」×「マネジメント」をマスタ
ーした後輩（人材）が登場します。せっかく獲得した希少性が薄れていくわけです。
そこで、第3の矢を放つことにしました。
とはいえ、数年間は試行錯誤がありました。三角形の頂点を何にするか、さまざまなト
ライ・アンド・エラーをしたのです。
たとえば「介護を中心とした医療」分野で「J＋care」という会社を起業しました。
また、「住宅」分野でコーポラティブ住宅を扱う会社に資本参加して、非常勤の取締役と
してかかわったこともあります。
「あっちかな、こっちかな」とチャレンジを続けた結果、47歳で、東京都で義務教育初の

民間校長を引き受けるという決断につながりました。それまでのキャリアとはまったく無縁で、とんでもないチャレンジですが、だからこそ三角形に一気に高さを出すことができます。

実際、私は任期の5年間で1万時間を超える現場経験を積み上げ、100人に1人の校長になりました。

「営業とプレゼン」×「マネジメント」×「校長先生」＝100万分の1を達成することができたのです。ここから、「教育改革実践家」という、私ならではの道が開けていきました。52歳の時です。

絶対に勝てるプレゼン術

ここで、私が会得したプレゼンの極意を披露しましょう。

まず、説明とプレゼンは違います。

説明とは、自分の脳内にあることを一方的に解説する行為です（図7）。いっぽうプレゼンとは、相手の脳内の映写室にイメージを映《うつ》して共有する行為です。つまり、自分が考えていることを解説して伝えるのは説明であって、プレゼンではない。これは1対1のプ

図7 説明とプレゼンの違い

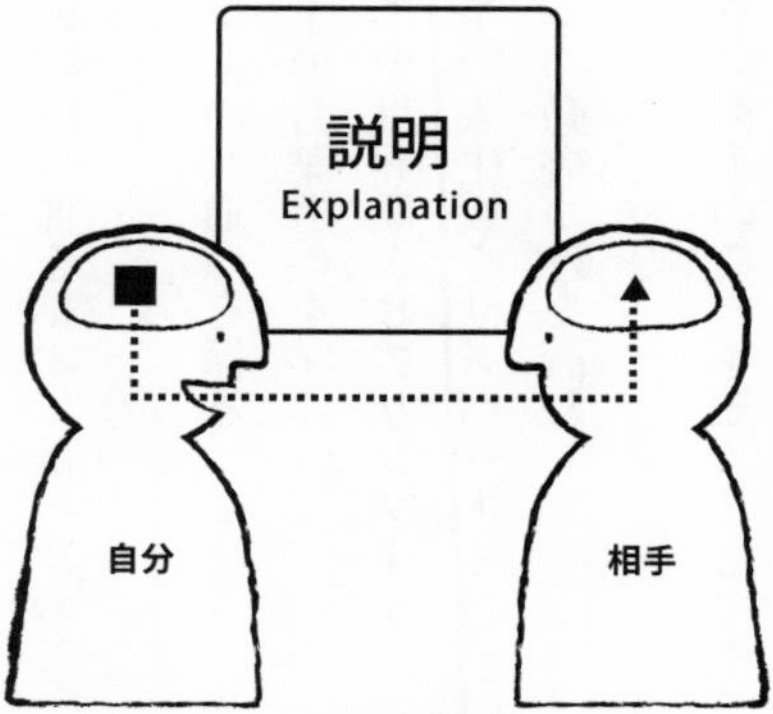

自分の脳内に
あることを一方的に解説する行為

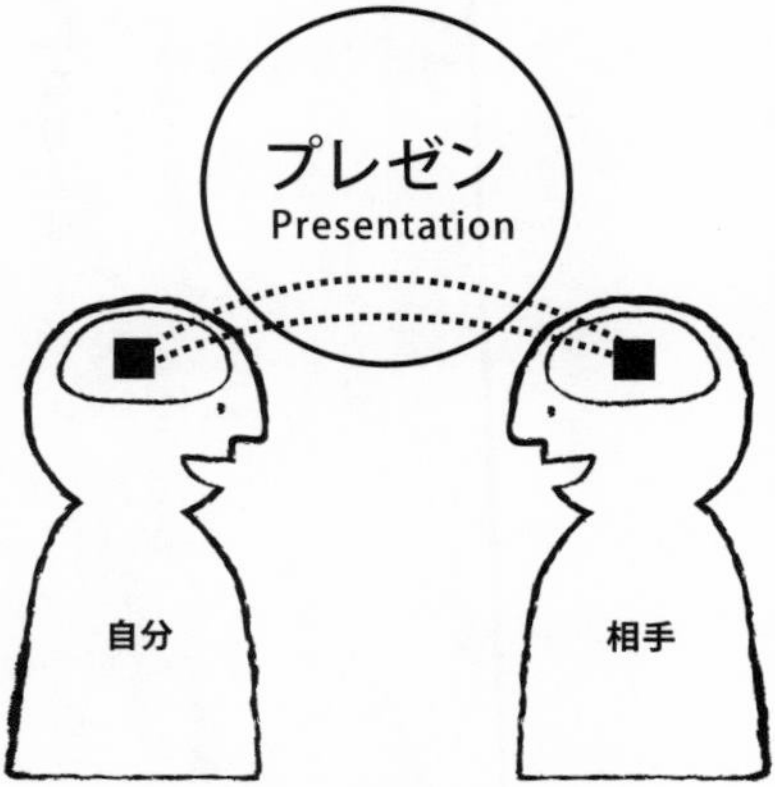

相手の脳内の映写室に
イメージを映して共有する行為

レゼンでも、大勢を目の前にしたプレゼンでも変わりません。

大事なことは、相手の脳内にどんな像が結ばれたか、です。


相手の脳内に像を結ぶには、次のことが必要になります。

・相手との共通点を探る
・相手の言葉遣いを学ぶ
・相手の世界観をヒアリングする
・相手の人生観をリスペクトする
・相手の動機づけを読む

つまり、相手のことを知ることです。

人間が納得するには、それが自分の世界観にあることが前提です。逆に言えば、自分の世界観にないモノ、コト、ヒトのことを言われても、納得できません。

だから、相手のことを理解しないで、ひたすら自分の考えやアイデアをプレゼンしたと

図8 ヒアリング

① ヒアリングして、相手の世界観にある情報を
徹底的に抽出・収集する

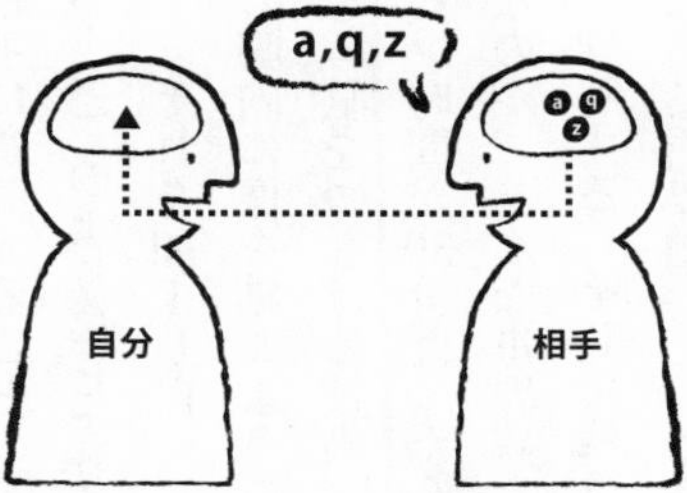

② ①に、自分なりのプラスアルファを加味する

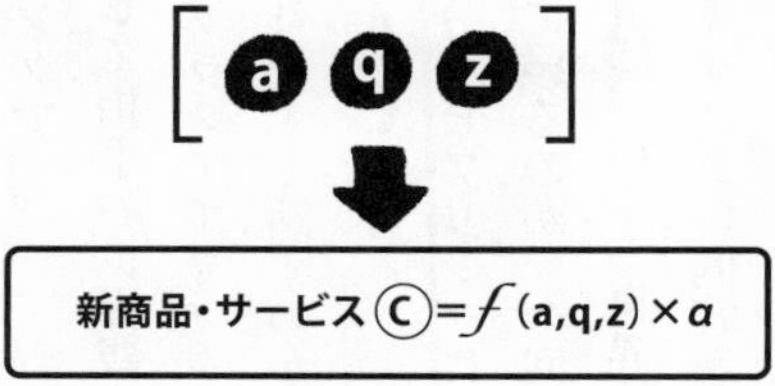

③ ②を相手にわかりやすい言葉で、脳内に像を結ぶように話す

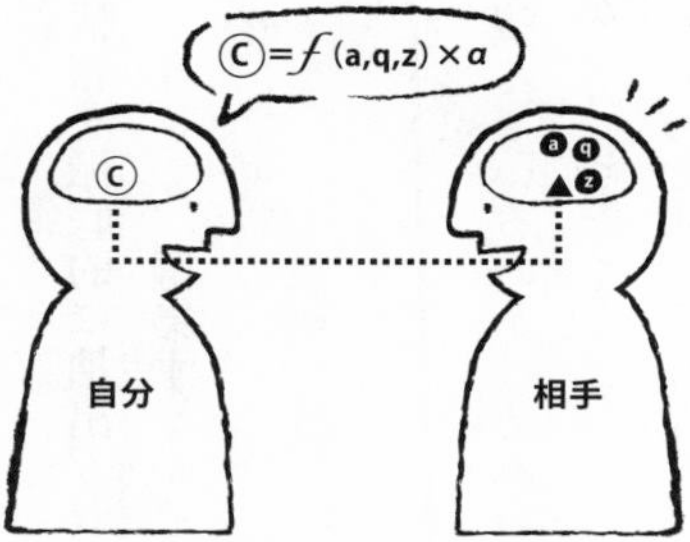

ころで、相手の頭のなかには入っていかないのです。

相手を知る・理解するためにはどうしたらいいでしょうか。

それは、相手に質問すること。ヒアリングです。

図8（99ページ）のようにヒアリングして相手の世界観にある情報を徹底的に抽出、収集するのです。それを加工し自分なりのプラスアルファを加味したりして、編集する。それを、相手の脳内に像を結ぶようにわかりやすく話すのが、プレゼンです。

私はこれを「脳をつなげる技術」と呼んでいます。

もしプレゼン時間が30分だったら、28分をヒアリングに使ってもいい。

何が好きなのか、どんな世界観を持っているのか、今回は何を望んでいるのか。それらを聞き出して理解する。そして残りの2分間、相手の世界観のなかでプレゼンするのです。相手の頭にある言葉遣いで、こちらがすすめたい内容を編集し直すのです。これなら、間違いなく受け入れられます。

しかも、このようなプレゼンができる人は、相手からの信用が高まります。たとえ、今回がだめだったとしても、次につながるでしょう。

プレゼンは「聞く」にあり。私が得た極意です。

会社と取引するために

「キャリアの大三角形」の大きさは希少性を表します。それは「雇われる力」を決めると共に、クレジット（世の中からの信任の総量）の基盤を作ります。

だから、思い切った3歩目が重要なのです。

そのためには、会社をやめて転職や起業するのもいいでしょうし、会社に留まって独自の居場所を確保することもありです。

ただし後者の場合、人事部に対するバーゲニング・パワー（取引材料として社外でも通用するスキル）が必要です。趣味を大事にするために報酬をそのままに週休3日にしたり、昇進を断って現場に留まったり、海外に出たりというのは、その力を持っているからこそできることです。

私の場合は会社の外に出たわけですが、会社員や公務員でも希少性が高ければ、自分でイニシアティブを取って仕事ができるはず。

それは、仕事をより主体的にして、楽しくします。同時に自由度も高まるでしょう。

もうお気づきでしょう。「課長ができます」「部長ができます」という「役職ができる」会社員が一番ヤバいのです。

次々に後輩が育っていくなか、社外で通用するスキルを持っていなければ、あなたの市場価値は会社次第です。なぜなら、昇進した職位で得た「権力（人事権や予算権）」は会社の信用があってのものだから。

だからこそ、「キャリアの大三角形」を作るのが得策になります。

その面積は大きければ大きいほどいい。そうすれば、会社と取引することができ、あなたは、自分の人生の主人公になることができるでしょう。

第3章

私は、こうやって「場所取り」をしてきた

「破天荒《はてんこう》なキャリアですね」「思い切った生き方をされていますね」……。

私は時々、このような言葉を投げかけられます。

確かに、私は会社に大胆な提案をしたり、思い切った「3歩目」を踏み出したりしました。しかし、破天荒とは思っていません。むしろ、人生のリスクをしっかり見極めて、地に足のついた生き方をしてきたと信じています。

同時に、とびきりのいい思いもしてきました。それを可能にしたのは、まさに「場所取り」の妙です。本章では、私自身のケースを具体的に話します。

22歳、在学中に会社員になる

私は東京大学経済学部で学びました。

私のクラスは50人で、そのなかには法学部の学生も交じっていました。彼らの多くは官僚を目指し、数人は通商産業省（現・経済産業省）に入省しています。

いっぽう、経済学部の学生は当時、銀行に行くのが主流で、そうでなければ大手企業に入りました。親が中小企業経営者であるケースを含め、中小企業やベンチャー企業に行く学生はいませんでした。みんな、大組織を選んでいたのです。

しかし私は、当時は中堅企業だったリクルートに入社しました。1978年のことです。

私は、大きな組織で自分のことを碌《ろく》に知らない人事部に、行く末を決定される構造に違和感を覚えました。顔の見える関係で仕事がしたいと考えていたのです。いや、正直に言えば、それまで時代や社会が求めていた「良い子」からの逸脱を望んでいました。

「早く、ちゃんとした、良い子」に育てられた私はちゃんと勉強して、東京大学に入りました。大学時代も「良い子」でした。大学3年にはすべての単位を取得し、優は20個以上あったから、経済学部生のトップが目指す日本銀行に就職できた可能性も。

ただ、私の希望は大学4年の4月から1年繰り上げて働かせてくれること。「早く」の呪縛だったのかもしれません。

そんな時、ゼミの1期上の先輩で、スーツでキャンパスに来てはアタッシェケースから英文で書かれている資料を取り出す人物がいました。彼は学生でありながら、巨大企業のコンサルティングに携わっていたのです。

彼の部屋に行った時、思わず書棚にあった経営書のタイトルをメモしました。その影響で、マッキンゼー・アンド・カンパニー、ボストン・コンサルティング・グループ（ボスコン）などの存在を知ったのです。

ボスコンはのちに採用人気が急上昇しますが、当時のスタッフは30人ほどで、新卒採用に門戸を開いたばかり。私は大学3年の冬、電話をかけて会社訪問しましたが、返答は「来年おいで」。すぐにでも働きたかった私は、我慢できません。

そんな私の目に留《と》まったのが、当時ベンチャー企業と呼んでもよかったリクルートのアルバイト募集。学生のアルバイトなのにスーツを着て、ネクタイを締めて、名刺を持って仕事をさせてくれる。この条件は刺激的でした。


私は2カ月間のアルバイトを経て、そのまま新卒でリクルートへの入社を決めました。

理由は、社風がとても良い、先輩も上司もオープンで風通しが良い、採用担当者が熱心、女性社員がみんなキレイで明るい、江副浩正《えぞえひろまさ》社長の強烈な印象……などなど。

ただ実のところ、いつ潰れるかわからないとも思っていました。そして、前述した入社理由は補足的な条件ではあっても、決定的な条件ではありませんでした。

では、何が私をリクルートに入社させる決め手となったのか。

それは、「良い子」から外《はず》れることでした。

私は「良い子」の世界から、できるだけ遠くに行きたかったのです。これには、父の影響があります。父は最高裁判所に勤める国家公務員でした。私は謹厳実直な父に逆《さか》らえず、まじめに育ちましたが、まじめな自分から逃れたい衝動を持っていたようです。それが、人生の一大事である就職の段になって、顔を出したのです。

私がリクルートへの入社をゼミの担当教授に報告すると、教授はもちろん秘書の女性にも笑われました。言わば、逆張りのスタートです。

これからの時代は「逆張り」が有効

最初のキャリアで「みんなが目指す会社」に入ることは、おすすめできません。

私のような「逆張り」が有効だと思います。なぜなら、希少な体験ができるから。

100人に1人の経験を積む上で、これほど価値のあることはありません。誰もが行こうとする会社に行ったところで、誰もできない特別な経験ができる可能性は低いでしょう。

もちろん、リスクもあります。入社した会社や役所でうまくキャリアを積めない、あるいは会社が倒産するかもしれません。しかし、逆張りするからこそ、圧倒的な成長機会が巡ってきます。特に20代の頃はそうです。

「自ら機会を創り出し、機会によって自らを変えよ」

これは、私が入社当時のリクルートのスローガンですが、「場所取り」の金言です。この言葉は、今でも通用します。


ただ、私が本当の意味での逆張りができたかというと、そうではありません。

確かに、リクルートに入社することで、会社という舞台はメジャーから外しましたが、大企業であれ、中小企業であれ、ホワイトカラーになることを前提にしていた時点で、私は、決められた範囲のなかから選んでしまっていた。

むしろ「早く、ちゃんとした、良い子」のワルツは、強烈な評価と賞賛の体系を持つリクルートの企業文化によって、それまでの家族や学校とは比べようもないほど強く精神に刻《きざ》まれることになったのかもしれません。

そして私は猛烈に働き、猛烈に成長しました。

出世も早く、収入も跳《は》ね上がりました。充実した毎日を過ごすことができたし、これが自分の人生だと信じるようにもなりました。

就活で「良い子」から降りたがゆえに、逆に「良い子」としてがんばる上での最高の環境を手に入れてしまったのです。

しかし、リクルートで得たものは、本当に大きかった。

「自ら機会を創り出し、機会によって自らを変えよ」の通り、私は多くの機会を得て、「キャリアの大三角形」の底辺を広げ、人生の強固な基盤を作ることができました。

当時の選択は正しかったと、今でも思っています。しかし、私はやがて目覚めることになります。それまで見えなかった多様な価値観の存在に気づくのです。

そのきっかけになったのが、30歳の時に発病したメニエール病でした。

30歳の病気で、人生が一変

それまでの私は、体力と気力に自信がありました。

リクルートでトップ営業マンとなり、出世の階段を駆け上がれたのは、体力と気力のおかげもありました。その基礎は、高校時代にバスケットボール部で鍛えたことで作られたと思います。

ところが30歳の時、私の人生は一変するのです。

ある日曜日の朝、ベッドで目を覚《さ》まし、前日の楽しかった飲み会のことを思い出しながら、うつらうつらと寝返りを打った瞬間、天井がぐるりと一回転したのです。続いて、吐き気に襲われ、向かったトイレの前でまたしてもドアがぐるりと一回転しました。めまいがして、身体がだるい。

内科に行き検査をすると、「お疲れなのではないですか」と諭《さと》され、ビタミン剤だけ処方されました。私は納得できず、３つ４つ他の医院を訪ねましたが、はっきりとした理由がわかりません。

友人に「それって耳鼻科じゃない？」と助言されて診察を受けると、すぐに注射を打たれました。ボーッとはするものの、めまいは起こらなくなりました。ストレス過多による一種の心身症というのが、医師の診断でした。まだ究明されていないメニエール病の軽いものではないか、と。

メニエール病は１８６１年、フランスの耳鼻科医メニエールが報告したことで病名となりました。平衡感覚を司《つかさど》る内耳の病変により、耳鳴りや難聴を伴うめまいの発作が繰り返し起こります。うつ病を併発したり、バランス障害が出たりする。ひどいと、道をまっすぐ歩けなかったり、ビルが襲ってくるように見えたり、吐き気が止まらなくなる、というような難病です。

注射で症状は治まりましたが、後遺症が残りました。午後になるとボーッとして、思考がまとまらないのです。

こんな状態が5年ほど続きました。

この頃、私は新規事業を手がける営業部門に異動し、課長から次長に、翌年には部長に、さらには統括部長へと昇進しています。優秀な部下を束《たば》ね、それなりの結果を出していました。全社のＭＶＰを受賞してもいます。

しかし、この体では、接待やゴルフなど営業の武器をフルに使うことはできません。私は、サラリーマンとしての出世レースから降りることを決断しました。偉くなって権力を握ることを考えられなくなったのです。

今思えば、メニエール病は自分に対する警告だったのでしょう。

もし、あのまま走り続けていたら、私はどこかでプツリと切れて、死んでいたかもしれません。

病気のために出世をあきらめざるを得なかったのは悔《くや》しくはなかったか、と聞かれることがありますが、それはありません。もう1つ別の出来事があったからです。

33歳からの猛烈な読書

私がメニエール病に見舞われている間、会社は「リクルート事件」(1988年)と、リクルートがダイエーに買収される「ダイエーショック」(1992年)に見舞われます。

そのため、私は会社を危機から守るために奔走しました。当時のリクルートの窮地を救ったのは、現場のリーダーたちです。

いっぽうで、先頭に立って会社を支えるべき経営陣たちの行動は、私には期待外れでした。率直に言えば、彼らはかっこ悪い。将来出世して彼らのようになりたい、とはとても思えない。このまま偉くなっても……という感覚が芽生えたのです。

私は出世レースから降り、新規事業を担う専門職に舵を切りました。

「場所取り」を自ら選択したのです。以降10年間、私の収入は固定されたままになりました。

こうして、私は出版社メディアファクトリーの設立に携わることになるのですが、優れた編集者たちとの仕事を通して、彼らの社会に対する見識にビビりました。私なりに言い換えると「社会的相場観」です。

実は、私は30代前半まで読書量が少なく、そのことがコンプレックスになってもいた。

私は、与えられたテーマを高速で処理し、お客さんを説得して営業することは得意でした。しかし世の中とのかかわりを見据えた上で、「自分はこう思う」「社会はこうあるべきだ」などを自分の言葉で語ることは苦手としていました。コンプレックスとは、こうした社会的な視点の欠如のことです。

さらに、自分の将来像に対する焦りもありました。

「このままだと、40代になっても自分の意見がないままになる」「自分が追うべきテーマが見つからない」ことを危惧したのです。

「本を読む人でないと話す気になれない」

ある編集者のそんな一言もあって、私は猛然と本を読むようになりました。年間１００冊以上と決めると、お酒を飲んだ帰りの電車のなかでも読むようにしました。

5年も続けていると、私のなかで変化が起きました。自分の言葉が出始め、「人生の鳥《ちょう》瞰図《かんず》」のようなものが見えるようになったのです。

私は、鳥瞰図を獲得しようと考えて本を読んだわけではありません。読書を重ねて他人の考えを吸収していくなかで、結果的に自分の人生の鳥瞰図が現れてきたというわけです。

人間は通常、自分1人で世の中を見ていますが、これだけ社会が多様化すると、自分1人の視点では限界があります。その点、本には著者が人生の膨大な時間をかけて獲得した独自の視点や専門性が詰まっています。本を読めば、その著者の視点から社会を擬似的に見ることができるのです。

その視点をいかに数多く持つことができるか。

圧倒的な読書体験は、ものを見たり考えたりする時の深みを増してくれます。私は読書の結果、組織の論理に簡単に飲み込まれない俯瞰的な意識を獲得しました。

ちなみに、33歳からの約35年間で読んだ本は４０００冊程度になります。

37歳、パリに行く

読書は私を変えました。

それでも、自分が追うべきテーマが見つかりません。自分が進むべきはどの方向なのか、社会にどのように貢献するか。まさに試行錯誤です。

そこで、いったんこの状況から逃げ出して、人生をリスタートさせようという暴挙に出ました。前章で触れたように、ヨーロッパ行きを会社に直訴したのです。名目は、成熟社会における新規事業のヒントを見つけてくること。37歳の時でした。

しかしヨーロッパに行ったからといって、勝ち目はまったくありません。

自分の（英語力を含めた）実力を冷静に分析し、まずはロンドン大学ビジネススクールで客員研究員を務め、今までの自分になかった付加価値をつけることを決めただけ。その後のことは具体的に計算していたわけではありません。無謀にも、家族を連れて、外国に飛び込んでいったわけです。当時、長男は４歳。すぐにロンドンで次男が生まれることになります。

ただ、人生の転換点、しかも悩み抜いた末には、戦略性よりも無謀さが意味を持つと私は考えています。「自ら機会を創り出し、機会によって自らを変えよ」というリクルートのスローガンは、私のなかでまだ効《き》いていました。

結果は、前章で述べた通り。私は次なるテーマを獲得しました。

日本は成熟社会に向かうであろう。そして、日本の社会システムでダメなものがはっきりわかりました。

それは、「教育」「介護を中心とした医療」「住宅」「会社や組織の壁を超えた個人と個人のネットワーク」の4つです。

単身赴任ではなく家族で行ったからこそ、見つけられたのだと思います。また2年半、日本人駐在員とはつきあわず、現地の人だけとつきあったことも大きかった。現地での生活を本気で送ったために、普通の駐在員が10年かかることを2年ほどで学べたのです。

40歳で「自営業者」を選択

2年半にわたるヨーロッパ滞在から戻ると、通常は部長か関連会社の役員などのポストが用意されるはずでした。

しかし、もう私の関心は出世には向きませんでした。社長になったところで、所詮《しょせん》「雇われ社長」です。大したことはできないし、かっこよくない。それよりも、自分のテーマを追いかけるほうがかっこいいと思ったのです。

１９９６年、私は18年間勤めたリクルートを退職し、「フェロー」という立場で仕事をすることにしました。社員ではなく客員の「自営業者」です。年収は、０から４５００万円の間で流動することになります。

フェローとしての6年間、私はヨーロッパで見つけた４つのテーマのなかで自分に合っているものを調べました。

これはフェローという立場だからこそ、良い結論が出せたと思います。というのも、会社にいて、会社に求められた調査を、会社のお金を使って行ったわけではないからです。自らの人生をかけて、自分自身で調べたからこそ、自分の実《み》になったのです。

私が最終的に選んだテーマは「教育」です。

日本に戻ってきた時、長男6歳、次男2歳、長女0歳でした。これから15年間ほど、義務教育のお世話になるわけです。

私は、自分の子供たちを見ているだけで、学校教育のマーケティングになることに気づきました。リクルートの多くの情報誌で編集長を務めた倉田学《くらたまなぶ》さん（現・経営コンサルタント）が「自分マーケティング」という言葉を使い始めた頃で、それを生身《なまみ》でやれると考えたのです。

とはいえ、フェロー時代にもテレビに引っ張り出されて教育問題を語ったり、教育改革の提案をしたりしましたが、実を言うと、無力感を味わっていました。

文部科学省の審議会の委員になったところで、何も変えられないと悟《さと》ったのです。

フェローになって5年が過ぎようとしていた頃、私は、息子が通っていた杉並区の小学校でさまざまな取り組みをしていました。具体的には、お父さんによるコンピュータ学習支援チームを立ち上げたり、夏休みにアートイベントを仕込んだり……。

提案や提言では何も変わらない。だから、アクションを起こしました。

教育委員会のほうでも、この人は提案だけをして逃げる人ではない、また「先生が悪い」「学校が悪い」と指摘するだけの評論家とも違う。この人は使えるかもしれない、という雰囲気が広まっていったようです。

そして、私は杉並区の審議会に改革案を提出します。

その発表の場である校長会でのこと、一番うしろに座っていると、ある校長のつぶやきが聞こえてきました。

「これは教育委員会が勝手に決めたもので、風が過ぎればこんなものはやらなくていいんだ……」

このような人ばかりではないでしょうが、これではどんなに良い案を作っても何も起こらないし、変わらないと確信しました。私はその夜、「私にやらせてほしい」と申し出ました。

びっくりしたのは、教育委員会です。

「だって、藤原さん。給料はこのくらいですよ」

当時の年収の3分の1ほどでした。

しかし、どんなにアイデアを出したところで、実行しなければ絵に描いた餅です。私が陣頭指揮を取らなければ、改革案は現場で骨抜きにされるだろうと思いました。

当初、教職員の人事権を持つ東京都教育委員会は、義務教育に民間校長を受け入れる予定はまったくありませんでした。

しかし、杉並区に縁の深い2人の人物が、東京都教育委員会で重要な地位にあったことが幸いしました。筆頭総務課長の比留間英人《ひるまひでと》さん（のちに東京都教育委員会教育長）と人事副部長（のちに杉並区教育委員会教育長）の井出隆安《いでたかやす》さんです。

彼らが動いて、東京都で義務教育初の民間校長が実現する運びになったのです。

47歳、中学校長に就任

2003年、私は杉並区立和田中学校の校長に就任しました。

先にも触れたように、入学式の校長挨拶ではカメラのフラッシュを浴びながら、私の足は震えていました。演台の陰だったので、テレビには映りませんでしたが。

私が校長を務めた5年間、改革の様子は常に報道に取り上げられました。そのため、いくつかの施策は全国に波及しました。また、副産物として、NHKや朝日新聞などメディアの教育系記者と仲良くなり、今も懇意にしています。

改革の1つを紹介しましょう。

公立中学では当時、ゆとり教育の弊害が問題になっていました。私立中学との学力差は開くばかりです。

そこで、授業時間を1コマ50分から45分にして、週あたりのコマ数を英語・数学共に1コマ積み増したのです（公立校は当時全国一律で週3コマ）。これを実施するために、転出した統率力のある教務主任を無理矢理、呼び戻すことまでしました。

その結果、私の就任時、和田中学校の英語の成績は杉並区23校中21位でしたが、5年目にトップになりました。次の民間校長に引き継いだ8年目には数学、国語もトップになり、一時は人気校として入学が抽選に。生徒数169人で杉並区最小、かつ統廃合対象校だったのが、すべての教室が満員となる450人になったのです。


「改革の成功に確信があったのか」

校長職を退《しりぞ》いた時、メディアからよく聞かれました。

正直なところ、自信があったわけではありません。前述の改革がなければ、いろいろ旗を振って賑《にぎ》わったけれども、結果が出せない民間校長として終わったかもしれません。

戦略性よりも、無謀さで飛び込んでいっただけです。「自ら機会を創り出し、機会によって自らを変えよ」の通りです。

それゆえ徹底的に生徒の将来を考え、結果を出す努力をしました。

その過程で1万時間を超え、私は「校長」としてもプロとなり、大きな「キャリアの大三角形」を手に入れました。

なお、地域社会が学校の教育活動をサポートする「和田中地域本部」の仕組みは、文部科学省によって学校支援地域本部の全国普及運動となり、現在の「地域学校協働本部」制度につながりました。

今や、全国の小中学校3万校の7割に波及しています。

52歳で一気に広がった可能性

2008年、私は和田中学校の校長を、任期満了で退任しました。

その後、2011年まで橋下徹《はしもととおる》大阪府知事の特別顧問を務め、2014年からは佐賀県武雄《たけお》市の特別顧問に就任。公立中学校の民間校長という思い切った「3歩目」は、私の知名度と希少性を飛躍的に高め、次なるキャリアの幅を大きく広げたのです。

2016年からは2年間、奈良市立一条高校の校長も務めました。

中学校の校長をしましたから、今度は高校の校長をやってみたいと考えたのです。もし、母校の東京都立青山《あおやま》高校の校長をやらせてくれたら、無報酬でも引き受けたでしょう。当時の東京都教育委員会の教育長は、私を校長にした人物でしたので、頼んでみようかとも考えましたが、東京メトロの副会長に転出されたあとでした。

その頃、中身の濃い教育改革の審議をしていたのが、奈良市の仲川《なかがわ》げん（元庸《もとのぶ》）市長（現・同職）です。

私の視線は俄然《がぜん》、奈良に向かいました。視線の先にあったのが、奈良市唯一の市立校である一条高校です。

一条高校は「開拓者魂」を建学の精神とする先進的な学校で、1951年に日本初の外国語学科を設立した実績もあります。校風は文武両道。しかし当時は少子化の影響も受け、生徒の学力を十分に伸ばし切れないという課題を抱えていました。

そこで私が提案したのが、「スーパースマートスクール（SSS）化」です。

〝20世紀型の学力〟から〝21世紀型の学力〟へ。これまでの成長社会で求められた「情報処理力」から、成熟社会に求められる「納得解」を導き出す「情報編集力」を育成する環境を作ろうとしたのです。

具体的には、次の3つの目標を掲げました。

①スマホを徹底的に活用した「個別最適化学習」の実施（アダプティブ・ラーニング）
②大学入試改革に対応する「思考力・判断力・表現力」の向上（アクティブ・ラーニング）
③偏差値依存の進路指導から脱却し、データにもとづく科学的進路指導

私が、学力向上に直結すると考えたのは、①のスマホの徹底活用です。生徒にとってスマホは身近で「自分の脳の延長」とも呼べる存在です。しかも、学校が新たに用意するのではなく、生徒たちのデバイスを活用すればコストもかかりません。

基礎的インフラとしたのは、リクルートの「スタディサプリ」です。

授業進行の一部や、放課後学習の補助に使います。現在、子供たちは、教育機会や環境の差異によって〝できる子〟と〝できない子〟に二極化（ふたこぶラクダ化）しており、

習熟度別個別学習をするしかありません。それには「スタディサプリ」の導入が有効だと考えました。

また、みんな一緒に「一斉授業」するスタイルは、明治時代から150年以上続き、制度疲労が起こっています。

私が考えたのは、授業の最後に②の「アクティブ・ラーニング」タイムを5分間設けることです。スマホ入力で全員の意見を問い、その議論から「自分で考える」習慣を身につけさせるのです。ただし、これらは私の在任中は、残念ながら定着できませんでした。

また、土曜日には希望者を中心に「よのなか科」(第5章で後述)講座を開催。学校外の大人たちとのナナメの関係を構築しながら、実社会での正解のない問題に取り組みます。これについては2年間にわたって実施され、成果を生みました。

これらの改革を私にさせてくれるか、一条高校の民間校長として採用してくれるか。私は、仲川市長に問いかけ、「YES」の答えを引き出しました。

私はすでに和田中学校での5年の経験がありますから(1万時間を超えてプロになってい

ますから)、勘所は摑《つか》んでいます。そこで、契約期間を2年で切りました。もちろん奈良に移住します。もうおわかりですね。「場所」を変えたのです。

ここにこそ、大きな意味がありました。

61歳、妻子と離れて移住

家族で奈良に移住する。私はそう決断しました。

ところが、問題がありました。

まず、次男は就活のタイミングとなるため、同行できません。また、父親が認知症を患《わずら》っており、母親が1人で介護をしていました。私が奈良に移住すれば、サポートはできなくなります。

さらに、飼っていた犬が長野県生まれの川上犬《かわかみけん》で、夏は暑くなる奈良盆地に連れて行くのは厳しいのではないか、また奈良公園のそばに住むことを予定しており、犬が鹿に嚙《か》みついたらどうしよう、と心配もしました(この犬については第5章で後述します)。

結果的に、私は妻子と犬を東京に残し、両親と3人で奈良に移住することにしました。

父は奈良でも気にする様子はなく、母も「じゃあ、行きましょう」と言ってくれました。ひとりっ子だった私は、20代後半に１人暮らしをするまで両親と3人で暮らしていましたから、父の人生の最後にもう一度、３人暮らしをして親孝行しようと考えたのです。

父は奈良で、私が「鹿セラピー」と名づけた、奈良公園で鹿に鹿せんべいを食べさせる毎日の散歩を楽しみにしていました。表情もいきいきしてきました。何度も行った東大寺の大仏殿では、いつも「大きいなあ、大仏は大きいなあ」と言っていました。

私は夕食をほとんど父と一緒に食べていましたが、父は1杯だけ注いだビールを「あぁ、おいしいなあ」とうれしそうに飲んでいました。父は最高裁判所の判事として60歳まで働き、定年後は簡易裁判所の判事を務めた経歴からもわかるように厳格でしたが、まるで赤子に戻るようでした。

そして2年後の２０１８年、父は大往生します。奈良公園には池があり、大仏が鎮座し、一面の緑の芝生に鹿の親子が戯《たわむ》れています。それはまるで極楽浄土の風景であり、父はそれを目に焼きつけて逝《い》ったことになります。

私は、父の最期は幸福だったと信じています。

成功は移動距離に比例する

私は奈良に移住すると、ポルシェのミッドシップのオープンカー・ボクスターを中古で購入しました。お客さんを乗せて奈良を案内するためです。

東京からお客さんが来ると近鉄奈良駅で拾い、すぐそばにある若草山《わかくさやま》まで車を走らせます。そして夕暮れ時、標高342mの頂上に着くと、生駒山《いこまやま》に落ちる夕日をバックにiPhoneのパノラマモードで写真を撮るのです。

隈研吾さんも、オリンピック女子マラソンのメダリスト有森裕子《ありもりゆうこ》さんも、父も母も連れて行きました。

これらの写真は、一条高校出身の映画監督・河瀬直美《かわせなおみ》さんを唸《うな》らせ、「自分も被写体になりたかった」と褒めてくれました。それは、今でもインスタグラム「Panorama Photo Museum @Nara／Wakakusa-yama, JAPAN」に上がっていますし、大きく引き伸ばしたポスター大の写真は、近鉄奈良駅至近のレストラン「菜宴（久保田耕基《くぼたこうき》オーナシェフ）」に展示されています。ここには、2年間で100回通いました。

奈良だからこそできたことです。

たとえば、京都の魅力を発信している人は国籍・年齢・性別を問わず、存在します。競合が多く、見所《みどころ》は細分化されています。つまり、京都を案内するマスターになるには、時間がかかる。しかし奈良は、京都に泊まって日帰りする旅行者が多いため、京都ほどマスターがいません。ブルーオーシャンなわけです。

私は２年間住んだだけで、レストランもホテルも、興福寺《こうふくじ》国宝館の展示物にも詳しくなりました。ヨーロッパのお客さんを案内できるだけの教養も蓄積できました。

先にかき氷マシン「himuro」の話で触れたように、奈良でもさまざまな人脈、ネットワークができました。仕事以外でも、マスター領域を獲得することができたのです。

私は一条高校で、前述のように生徒たちにスマホを学校に持ち込ませ、Ｗｉ－Ｆｉにつないで授業で使いました。

そこで感じたのは、今の若い人たちの傾向です。

生徒たちはわからないことを詳しく調べるより、正解を一発で欲しがります。

私がわからないことを調べる際はパソコンで検索し、結果を比較・検討します。検索サイトの上位にある情報を鵜呑《うの》みにするのではなく、複数に目を通します。時に、検索の３

ページ目に出てくる、個人がニュースを解説しているサイトがもっとも参考になることもある。

しかし、生徒たちはそんな面倒なことはしません。スマホで検索し、答えになる動画をYouTubeで見つけると、それを一発で「正解」としてしまいます。

情報を受動的に受け取ったり、直感的に表現したりするならスマホで十分ですが、「探求」するのは難しい。興味に沿った情報を集めて精査し、編集してプレゼンするにはスマホでは限界があり、パソコンが必要なのです。私はこの経験から、高校生向けのアクティブ・ラーニングの授業では、スマホとパソコンを併用し、スマホを自分の意見の発信機にして、同時にパソコンで調べたりプレゼンする方法をすすめています。

これも、奈良に行ったからこその気づきでした。

地方の不良や不登校生徒を東京に呼んで衣食住を与え、人材に育て上げる「ヤンキーインターン」事業を手がけるベンチャー企業、ハッシャダイ。同社の創業経営者である久世《くぜ》大亮《だいすけ》さんは、人の成功は「移動距離」にかかっている、と言い切ります。

移動距離が長い人ほど成功する、というのです。「ヤンキー」と呼ばれる人たちの世界は狭く、移動距離が短い。そのため、まず移動させることから再教育を始めるそうです。

確かに、1つの場所で滞留するよりも、複数の離れた場所で生活・仕事をするほうが見識を広げ、能力を伸ばすことができます。私も60歳を過ぎた移住経験により、第2の故郷と言える場所が2つできました。パリと奈良です。

65歳にして、「朝礼だけの学校」を開校

2018年、私は2年間の一条高校での勤務を終えて、東京に戻ってきます。次は何を目指すか。

中学校と高校の校長を経験したから、今度は幼稚園が併設されている小学校の校長になるのもいいか。そんな思いが芽生えました。

実際、知人の紹介で渋谷《しぶや》区長に申し入れに行ったこともあります。幼稚園やこども園のプロデュースにかかわるのはどうだろうと考え、幼稚園運営のコンサルや遊具を作るジャクエツを通じて、多数の幼稚園を訪問したこともあります。

結局、これらは実現しませんでしたが、もし実現していたら、幼稚園の園長から、小学校・中学校・高校の校長までを経験したことに。さらに、教職課程のある小さな大学の学部長か学長になれば、幼小中高大の一気通貫、「ロイヤルストレートフラッシュ」なキャリアが完成します。

これを知人に話すとけっこうウケますが、私はかなり本気です。とはいえ、今のところはまだ実現していない。どなたかからチャンスをいただければ、動くかもしれません。

その間、私は講演や研修の講師をしていました。その回数は現在まで１８５０回、動員人数は36万人を超えています。ところが２０２０年にコロナ禍になると、講演会／研修会は次々にキャンセルになりました。

私は、どうやって時間を潰すか悩みます。

まずは、リクルート事件以来30年間、封印していたゴルフを再開しました。コロナ禍でゴルフ場がガラガラだったこともあり、いきなり年間70回以上コースに出ることができました。久しぶりだったため、最初はボロボロでしたが、３カ月経つと、まあまあのスコアになりました。シャフトをフィッティングして、ちょっとお金をかけたことも影響したかもしれません。

次に取り組んだのが、20年以上続けていたホームページ「よのなかｎｅｔ」の掲示板「よのなかフォーラム」の改修です。

前述のように、講演や研修は盛況でしたし、著作は90冊を超え、累計１６０万部に届こうとしていました。さらに、YouTube「たった一度の人生を変える勉強をしよう」「10年後、君に仕事はあるのか？」が合わせて５００万回ほどの再生を記録しました。

いっぽうで、これら読者・視聴者をどうしたら把握でき、コミュニケーションを深められるか、悩んでもいました。

私はタレントではないので、コンサートのチケットやグッズを売ったりする必要はありません。しかし、読者ともう一歩踏み込んだ、仕事や人生についての意見交換ができないものだろうか、と考えていました。フィードバックをくれるほど読み込んでくれる濃い読者が集《つど》えるコミュニティを作りたい、と思ったのです。

当時は、読者との唯一の対話の場が「よのなかフォーラム」でした。

実名を明かして講演会に来てくれた人や、私が和田中学校の校長に就任した時から「よのなか科」に参加してくれたり、奈良の一条高校に駆けつけてくれた人もいました。

ちなみに、YouTubeのチャンネルでいくら視聴者を増やしても、視聴者の個人プロフィールはユーチューバーには明かされません。ひとりひとりの顔が見えないのです。

だから、複数の会社から「オンラインサロンを作りませんか」と売り込みを受けていました。最終的に選んだのは、コミュニティ作りを手助けするOSIROです。

OSIROには、「よのなかnet」を制作・管理しているサウザンズの千田《せんだ》隆《たかし》さんと一緒に話を聞きに行き、このプラットフォーム上でコミュニティを作ることになりました。

オンラインサロン「朝礼だけの学校」です。

OSIROでは、佐藤《さとう》譲《じょう》プロデューサーを紹介されました。

佐藤さんはスタジオジブリ出身で、クリエイターのプロデュースなどを行っています。

私は彼を「朝礼だけの学校」の副校長に任命し、コミュニケーションの全体の質と量を管理してもらうことにしました。

こうして2020年11月、「朝礼だけの学校」が開校しました。校長は私です。

当時65歳、一般的には定年延長が終わるタイミングですが、これまでのプロ経験から、キャリアを続けることができたのです。

ユニークな3原則

「朝礼だけの学校」は200人前後が通う「オンライン寺子屋」です。

参加費（授業料とは言いません）は月額1100円（中高生は保護者のクレジットカード決済で550円）のサブスクで、誰でも入学できます。

「朝礼だけの学校」には、3つのユニークな原則があります。

1つ目は、入学、休学、不登校、退学は随時であり、自由であること。いつ入学してもいいいし、出席を強要しないので、いつ休学してもいい。退学させられることもありません。ただし、レッドカードはあります。

「朝礼だけの学校」では新聞、テレビなどのメディア、XなどのSNSと違い、どのような発言をしても攻撃されませんが、他者の人格攻撃を行って傷つけたり、迷惑行為を行ったりした場合は、校長がイエローカードを出して、厳重注意となります。それでも止まらない場合、自動的にレッドカードとなり、アカウントが削除されます。

とはいえ現在、開学4年目になりますが、未《いま》だにレッドカードが出た人はいません。

2つ目は、生徒はすなわち先生であり、おたがいの投稿で学び合うこと。

「朝礼だけの学校」には、校長や講師による「朝礼」、テーマごとの「講座」、生徒たちの「ブログ」があるのですが、いずれにもコメント欄があり、多くの人たちが投稿をしています。しかも、その表現力、思考力、判断力はとても高い。最初はそれほどでもなかった人も、投稿しているうちにどんどん言語能力が上がっていきます。

つまり先生として教えたり、生徒になって学んだりする、生徒＝先生の図式なのです。先生からの一方通行ではなく、生徒と生徒が教え合うダイナミックな教室。こんな教室があってもいいだろう、と考えて実施したのですが、編集工学研究所の松岡正剛《まつおかせいごう》さんに聞いたところ、江戸時代の寺子屋ではそんなふうだったようです。

「朝礼だけの学校」を、オンライン寺子屋としているのはそのためです。

生徒たちが上げるブログでは、安楽死、介護、自殺など難しい問題に対して、自分の経験を明かしたりする。勉強になるだけでなく、おたがい大いに刺激になります。

生徒＝先生は開校当初、中学生から80代でしたが、現在、小学2年生の女の子が最年少で、時々ブログをＵＰしたり投稿したりしています。中心は、子育て中の45～55歳です。

さらに、ｚｏｏｍやオフラインのミーティング、食事会やキャンプも開かれています。

３つ目は、「情報編集力」を磨き、「希少性」を高めるために「次の1万時間」を使う人たちのコミュニティであること。

生徒たちは「3歩目」を踏み出すためにチャレンジしている人が多く、刺激になります。

先に紹介した佐藤譲さんは現在、１万時間を使って「人形遣い」を目指しています。

また、図らずも読書家が集まり、質の高い読書会のような雰囲気も出始めています。

私が「今年前半で読んだ本や映画でおすすめを紹介してください」と呼びかけると、本当にたくさんの投稿が上がります。

前述のように、私には33歳から４０００冊の蓄積があるのですが、そんな私の読書パターンが変わりました。「この本が良かったよ」という投稿を見て、それまでの自分では選ばなかった本に手を伸ばすようになったのです。しかもハズレがほとんどない。大いに刺激を受けています。

おかげさまで、「朝礼だけの学校」は、人生を語り合えるコミュニティとして育ち、今も成長を続けています。興味のある方は以下をご覧ください。

「朝礼だけの学校」開校1周年記念～その過去・現在・未来の姿について
https://www.youtube.com/watch?v=rSXCmXHXd7k

70代のために、河口湖で計画中の「場所取り」

ここまで、私の過去の「場所取り」について語ってきましたが、本章最後に、私が今考えている未来の「場所取り」を披露します。

「場所取り」は、ただそこに行けばいいというものではありませんし、そこにいればいいというものでもない。その場所に陣取って「渦《うず》巻《ま》き」を作り、その渦に周囲の人が巻き込まれて、彼らのエネルギーが継続的に入ってくるようにすること（図9）。そうしたコミュニティを形成することが必要です。

私は、これを新しい場所でやろうと考えているのです。

図9「渦巻き」を作る

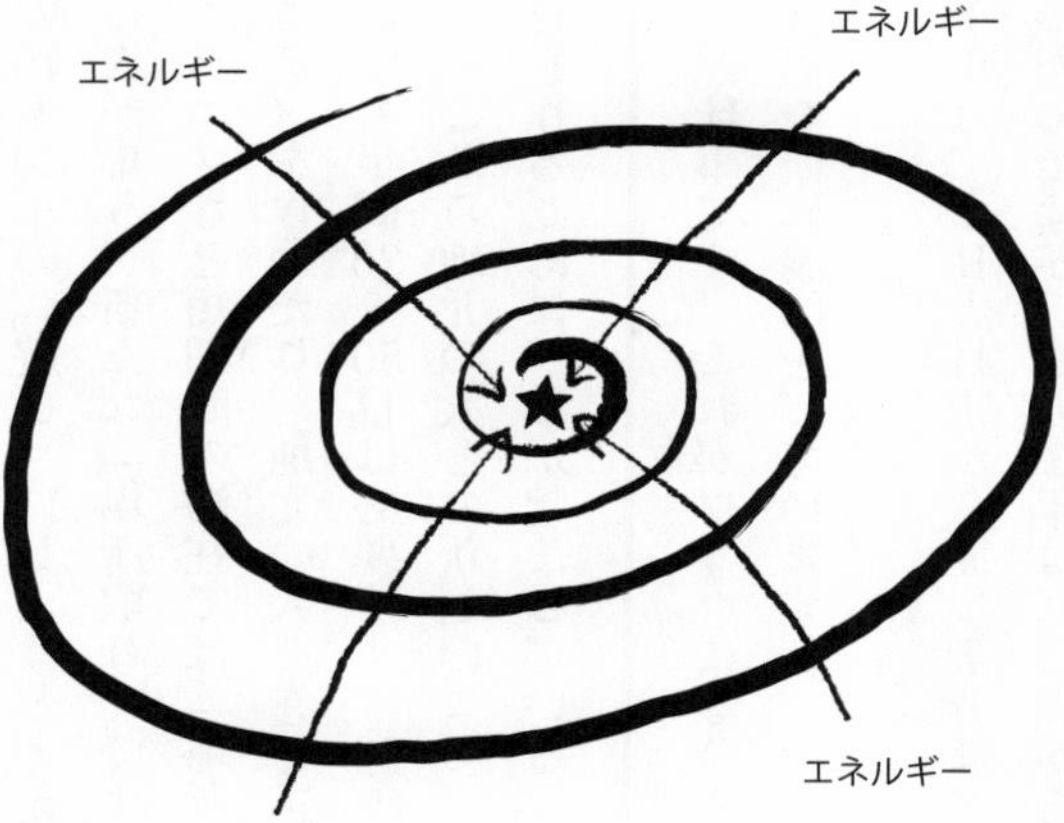

自ら「渦巻き」を作り、他者のエネルギーを引き込む

その場所こそ山梨県の河口湖《かわぐちこ》です。

私は毎年夏、父の故郷に近い山梨県北杜《ほくと》市の泉郷《いずみごう》で、避暑を兼ねて仲間とテニス合宿を行っていました。しかし車で片道2時間半かかるため、もうすこし近い場所を探していたところ、見つけたのが1時間強で行ける河口湖です。

河口湖では、「河口湖 音楽と森の美術館」オーナーの平林良仁《ひらばやしよしひと》さんと知り合いました。

詳しくは第5章でお話ししますが、私は彼を通じて、富士山登山鉄道のプロジェクトを知ります。

そして麓《ふもと》にある河口湖の湖畔《こはん》（北岸）に文化発信拠点を作る取り組みに参加し、私の70代以降の10～20年の「遊び」にしようと考えたのです。

多くの人が集う、新たな「場所取り」です。

ただ、テニスなど短期間の滞在では「場所取り」にはなりません。渦巻きを作るようなコミュニティを作ったり、地元の人を巻き込んだりするような取り組みができないからです。最低でも年間30～50日は必要です。30～50日居座れば、渦巻きのコアができる可能性が高い。そこから地元の人との新しいコミュニティを形成していくわけです。

渦巻きを作るために、私が起こしている5つのアクションを紹介しましょう。

第1に、仕事です。これがフックになります。

私は講演や研修講師をしていますが、無報酬で中学・高校の授業、大学の講義も行っています。

この1年は、JR大月《おおつき》駅から徒歩7分ほどの山梨県立都留《つる》高校で、授業を年間21回させてもらったのですが、次の1年は河口湖から富士山周辺の中学・高校でこうした取り組みができないか、長期の滞在ができないか、山梨県の教育委員会に検討をお願いしています。

他にも、児童文学評論家の赤木《あかぎ》かん子《こ》さん（「朝礼だけの学校」の生徒であり先生でもあります）と共に図書館改革に取り組んだり、地元の人たちと地域本部などを作ったり、学校を盛り上げる取り組みを指導できます。

教育改革実践家として、私の一丁目一番地の仕事で地域にかかわることができれば、滞在日数も、地域とのつながりのモードも変わっていくでしょう。

第2に、ジェットスキーです。

私はテニスやゴルフだけではなく、遊びを多様にすることを以前から考えており、3年前にジェットスキーの免許を河口湖で取得しました。

その時、一緒に免許を取った長男は、のちに仕事でアメリカ・サンフランシスコに行ってしまいました。そのため、ジェットスキー仲間を探せないまま、免許取得後1回もジェットスキーをしていません。

ですから、これから2年ほどで、現地で一緒にジェットスキーをするコミュニティを作っていきたいと考えています。

第3が、ピックルボールです。

これは、卓球とテニスを足して2で割ったような新しいスポーツ。バドミントンと同じ広さのコートで86㎝の低いネットをはさんで打ち合います。

最初のサーブとリターンだけはワンバウンドでなければいけませんが、あとはボレーも使って打ち合っていい。プロに近い人たちの試合では大変な打ち合いになり、迫力があります。それはテニスでも卓球でも見ることができない、新しい光景です。

今、全米のセレブたちがハマっています。ビル・ゲイツや俳優のレオナルド・ディカプリオはファンだそうで、テニスプレーヤーの大坂《おおさか》なおみさんはこの競技に投資すると報じられています。

このピックルボールの日本での普及に、私もかかわりたい。その拠点を、河口湖に作ろうと考えているのです。

第4が、クレー射撃です。

クレー射撃は、遠ざかっていく的《まと》を撃ち落とす競技です。私は銃の所持許可を取って、この競技にチャレンジしようと考えています。

幸い、河口湖の近くには富士五湖《ふじごこ》射撃場がある。

ちなみに、自動車免許は取得すれば基本的に教習所に行くことはありませんが、クレー射撃は免許を取ったあとも、何度も通って教えてもらわなければいけない。だから、集中的に行くことになるでしょうし、射撃の仲間も現地でできると思います。

第5は、アートです。

河口湖には、かつてリクルートで同時代を過ごした画家の杉山邦《すぎやまくに》さんが住んでいます。彼はもう30年以上にわたって暮らしており、彼のアートのコミュニティに私も加わろうというわけです。

この5つの切り口で、私は居場所を河口湖にも作り、渦巻きを作ってエネルギーを集め、コミュニティ作りにチャレンジします。

リゾート地である河口湖は週末が混みます。ですから、滞在するのは金・土曜日ではなく、日・月・火・水・木曜日の5日間。これを春夏秋冬のうち6週行けば合計30日、10週行けば50日になります。長期間しっかり滞在でき、渦巻き作りにトライできる。異質なモノ、コト、ヒトをつないでいくのもいいでしょう。
これが、私の次の「場所取り」です。

私は東京、奈良、ロンドン、パリで暮らしたことがありますが、富士山から河口湖のラインを、人生におけるもう1本の補助線にし、70代、80代になっても移動距離が長い人であり続けようと画策しています。前述のように、移動距離が長ければ、そこから受ける刺激も多くなる。

70代以降の、豊かな人生につながるはずだから。

第4章

人間の器を大きくするには？

「場所取り」で、すぐに果実（成果）を収穫しようとしてはいけません。また、失敗や挫折を恐れないでください。短兵《たんぺい》急《きゅう》に大きな果実を得られることはありませんし、リスクを取らなければリターンはないからです。

そのためにしておくべきこと、それは人間の器を大きくすること。

器が大きければ、失敗や挫折を恐れなくなりますし、多くの人から信頼を獲得して、困った時に助けてもらえます。そもそも教育とは、人間の器を広げるために行われるものです。

そして人生の目的とは、その器を大きくしていくことだと私は考えています。

本章では、人間の器を大きくする方法についてお話しします。

あらかじめ断っておきますが、著者である私の器はまだまだ高さも深さも中途半端で、器を大きくするべくチャレンジ中です。

人生のエネルギーカーブ

私のライブ講演会では時々、参加者に図を描いてもらうことがあります。

それが「人生のエネルギーカーブ」です。

みなさんもこれまで人生を生きてきて、さまざまな紆余曲折《うよきょくせつ》があったでしょう。いい思い出、あまり思い出したくない体験、人生の転機になった出来事などなど。その時々で、みなさんの〝人生のエネルギー〟は上がったり、下がったりしたと思います。それを図にするのです。

横軸は人生の歩み（ライフサイクル）、縦軸はエネルギーレベルを示します。左下を0歳、すなわちスタートとすると、みなさんは、どのような曲線を描くでしょうか。

図10（149ページ）は、私の人生のエネルギーカーブです。小学校で盛り上がり、高校で盛り上がり、リクルート入社で盛り上がり、和田中学校の校長就任で盛り上がっています。いっぽうで、「谷」もあります。

中学校でドーンと下がり、大学でどん底の五月病《ごがつびょう》を味わいます。就職して一転、上昇カーブを描いたと思ったら、30歳でメニエール病を発症しました。出世するわ、年収は上がるわ、部下は300人に増えるわ、と順風満帆に階段を上っていたら、いきなり目が回ってダウンしたわけです。

よく見ると、人生のエネルギーカーブが上昇する前には、必ず谷があることがわかります。マイナスはのちに反転して、プラスに作用しています。もっと言えば、直前の谷が深いほど山は高くなる。

私はこれを「入射角《にゆうしやかく》・反射角《はんしやかく》の法則」と呼んでいます。

入射角の角度が急であればあるほど、反射角の角度も急になる。思い切り沈んだあとは、思い切り跳ね返ってリターンが得られるのです。

ですから、大きなリターンを得たければ大きなリスクに挑みましょう。

たとえば、ベンチャー企業に入社するのはリスクですが、猛烈に働く機会を得られ、大きく成長できるかもしれない。上場しストックオプションを得られれば、大きな財産を築けるかもしれない。

私のこれまでの人生を振り返ると、何度も辛い目にも遭《あ》いましたが、いい思いもたくさんしました。いや、遠慮なく言えば、とびきりのいい思い出でした。

マイナス（谷）を恐れていたら、プラス（山）もありません。

できれば谷を味わいたくないかもしれませんが、山を登り続ける、すなわち上昇だけが続く人生なんてありえないことは、ちょっと考えればわかることです。

図10 藤原和博のエネルギーカーブ

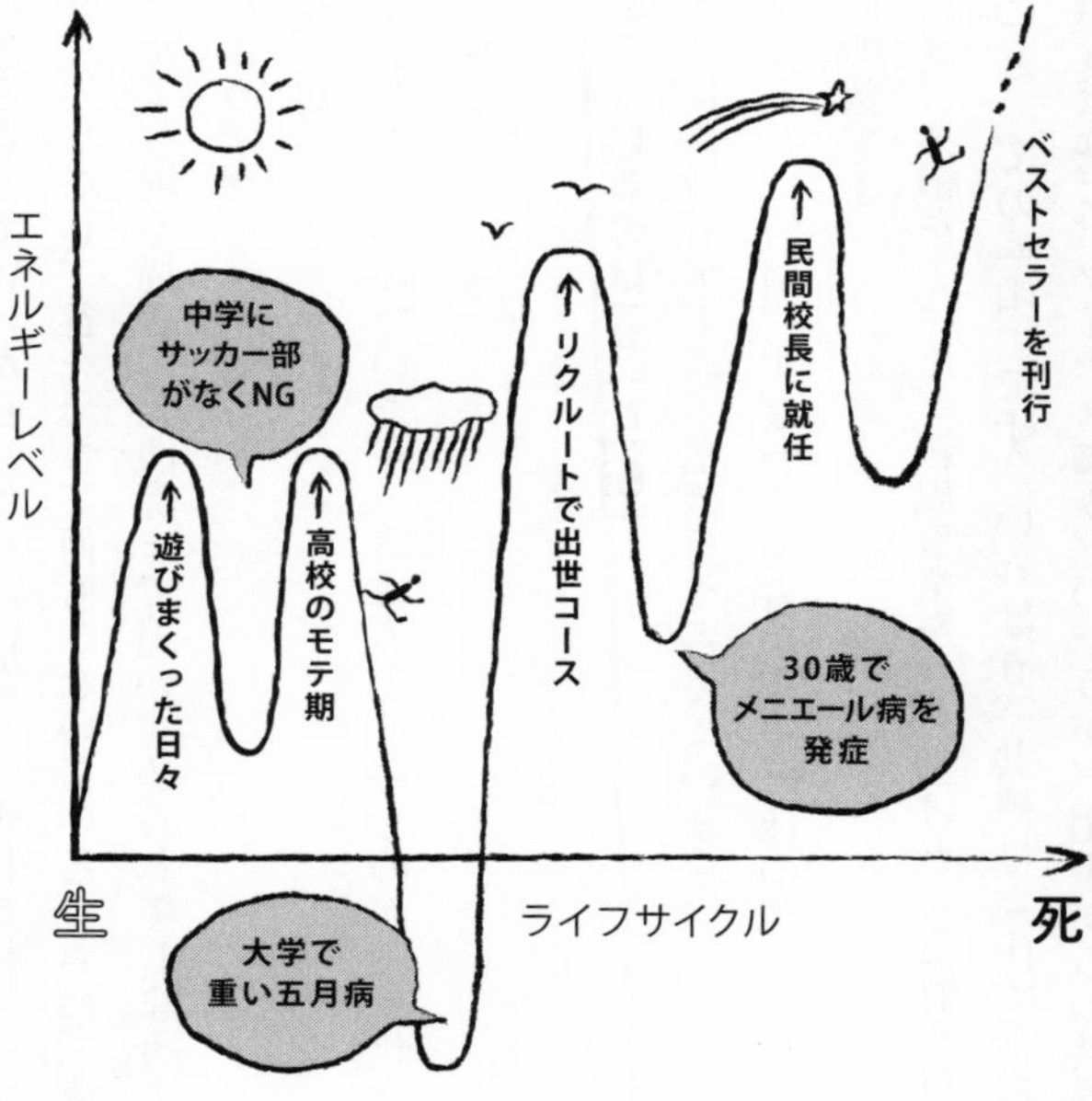

その意味で、私にとってもっとも悲しい人生は、谷もなければ山もない人生です。たとえ谷が少なくても、山も低いなら面白くない。

大きな山に登りたければ、大きな谷も経験していい。しんどいけれど、自分を鍛えてくれる機会でもあります。人間の器を大きくしてくれる貴重なチャンスなのです。

年齢を経るにしたがっ

て、山に登らなくていいから、谷を避けたい。現状維持でいい。そう考える人もいるかもしれません。しかし、谷を恐れて何もしないでいるうちに、成長の機会を失ってズルズルとカーブが下り坂を描き、土俵際まで追い詰められてしまうなんてことも。まるで今の日本の姿のようです。

個人も同じ。

谷がないと思い込んでいたら、実は人生そのものが液状化していたということが起こり得るのです。

相手を惹きつけるのは「谷」と「転」

人生はクレジットゲーム。私はそう考えています。

クレジットとは信用、すなわち他者からの信任の総量です。他者からの信任とは、信頼と共感の関数です。

たとえば、業績を上げた、新規事業を立ち上げた。これらは相手の信頼につながります。あなたにとっての「山」です。いっぽう、共感は「山」ではなく「谷」です。挫折、失敗、病気などなど。マイナスモードのほうが、相手からの共感度が高い。

人生が1冊の本だったとして、読み手はどこで感動するでしょうか。「山」である成功体験や自慢話よりも、失敗や挫折や病気などの「谷」や、そこからの生還など「転」の部分でしょう。もっと言えば、谷があるからこそ、あるいは深いからこそ、山が輝いて見えるし、感動を呼ぶのです。

これは、映画も同様です。たとえば『スター・ウォーズ』では、主人公ルーク・スカイウォーカーはハン・ソロと出会ったり、C-3POと出会ったり、賢者ヨーダと出会ったりします。そして、いろんなことを学びますが、挫折や失敗が待っている。ダース・ベイダーも出てくるし、事件も起こる。そして最後には、レイア姫を連れて故郷に帰ってくる。「谷」や「転」があるから、多くの人に支持されるのです。

自分の「場所取り」を考える時にも、谷は大いに影響します。谷は資産になるからです。それは、人生後半に間違いなく生きてきます。

あなたには、人生前半で語るに足る失敗や挫折はあるでしょうか。それはどのようなことだったか、具体的に深掘りしてみてください。たぶん、それらはあなたにとって、周囲からの共感を集め、信任を育む大きな材料になります。
もし「谷があまりなかったな」という人は、今からでも失敗や挫折をしたほうがいい。失敗や挫折を恐れてはいけません。何より、あなたの人間としての器を間違いなく大きくしてくれるからです。

信用される人の10カ条

では、信用される人とは具体的にどういう人か。まずは8つ挙げますね。

①挨拶《あいさつ》ができる
②約束を守る
③古いものを大事に使う
④人の話が聴ける
⑤筋《すじ》が通っている
⑥先を読んで行動する
⑦他人の身になって考える

⑧気持ちや考えを表現できる

当たり前のことばかりです。

でも、この当たり前のことができている人はけっこう少ないもの。あるいは、ある時は他人の身になって考えたけど、別の時は考慮しなかった。つまりバラツキがある。こういうムラが大きい人はあまり信用されません。

逆に言えば、これらをきちんと守れば自《おの》ずと信用（クレジット）が醸成されていきます。

ところで、なぜ先に8つを提示したのでしょうか。

こうした10カ条を作る時、項目を12個作り、2つ減らして10個にする方法もあります。しかし、それでは多くの人が納得するものにならないと私は考えます。10カ条なら100個くらい挙げて、そこから減らすくらいでないと、説得力がないでしょう。

しかし、今回は違います。残り2つは、逆に「信用できない人の10カ条」を考えて、そこから導き出しました。それが次の2つです。

⑨ 潔《いさぎよ》さがある
⑩感謝と畏《おそ》れの感覚がある

この2つは、先の8つよりも難しいかもしれません。でも、この2つができるようになると、人間の器は大きくなります。

人間の器はダイヤモンド⁉

「人間の器」と言うと、多くの人は茶碗や壷など焼き物の器をイメージするようです。しかし、それではどこをどう大きくすればいいか、よくわかりません。はたして厚みなのか、深さなのか……。しかも、厚くすれば焼く時に割れてしまいますし、深くしすぎると器として使いにくい……。

私が「人間の器」として提示するのは、図5（88～89ページ）で示した「キャリアの大三角形」の完成形（三角錐）を上下につなげたダイヤモンドのような立体です（図11）。

第2章で、「キャリアの大三角形」を次のように解説しました。

図11 人間の器

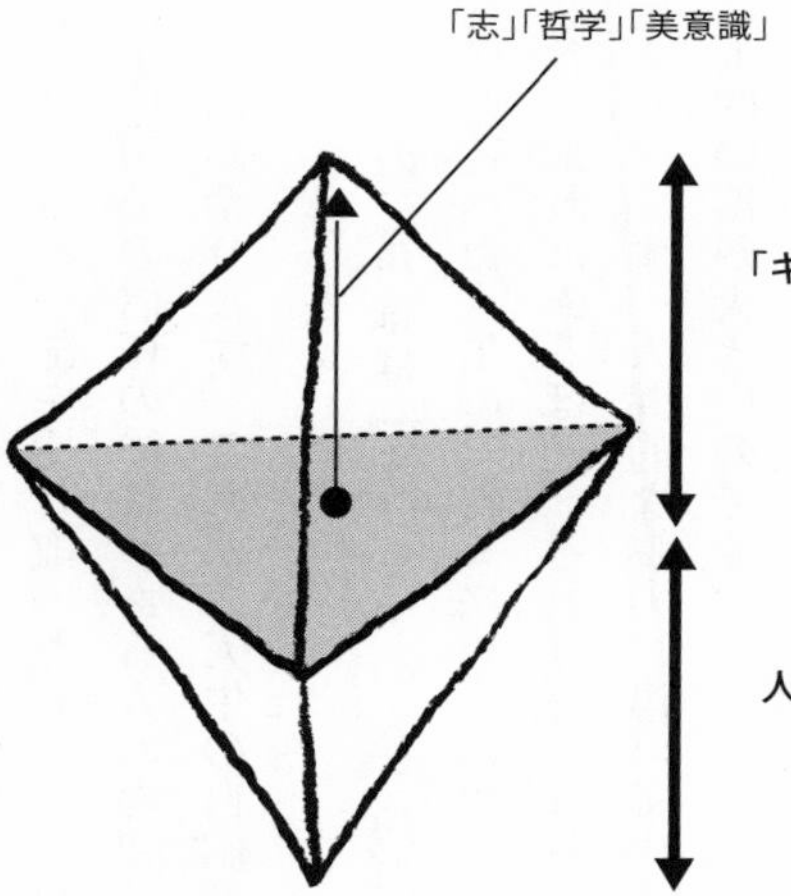

「1歩目」で足場を作り、「2歩目」で底辺を作り、「3歩目」で三角形にする。そして3歩目は大きくジャンプして、三角形の面積を広げる。なぜなら、面積の大きさこそが希少性の大きさであり、希少性を高められれば、人材としての必要度が高まるから。

しかし人間の器を考える時、これで終わりではありません。

「キャリアの大三角形」を立体化、3D化していくのです。具体的には、底面となっている三角形の中心から「高さ」を伸ばし、三角錐を作ります。

底面の三角形の大きさは希少性の大きさですが、三角錐の体積は「信用」

を表します。先に述べたクレジット、他者から与えられた信任の総量です。

この信任の総量の一部を切り取ったもの、クレジットを現金化した部分が報酬です。たとえば、1億円分の信任の総量がある人の場合、報酬が3000万円だったら、7000万円分の信用が余ります。これが、人生の自由度（余裕）です。

図11の、上の三角錐は「キャリアの大三角形」を3D化したものですが、下の三角錐は、さきほど述べた人生の「谷（マイナス）」を蓄積した経験量です。

大きな谷であればあるほど、それは深くなり、全体の体積を大きくする。人間としての深みを増すわけです。人間的な魅力に溢《あふ》れている人は上が高いだけでなく、下も深い。

まさに人間の器が大きいのです。

「キャリアの大三角形」の面積を大きくするだけでは、信用は大きくなりません。立体化した三角錐を大きくすることが信用を大きくし、人生のポテンシャルをより大きなものにしてくれるのです。

著名人を実例に説明しましょう。

堀江貴文さんのケース

まずはホリエモンこと堀江貴文《ほりえたかふみ》さんです。断っておきますが、あくまで私の見立てです。彼の「キャリアの大三角形」の底辺となるのはＩＴと投資でしょう。ＩＴで起業して、自身の会社ライブドアを上場させ、投資家としても相当な技術を磨いていきました。

ここで、起こったのが「ライブドア事件」（２００９年）です。「谷」が到来したわけです。しかし、彼はこれをきっかけに拘置所で哲学するのです。たくさんの本を読んだと聞きました。その結晶が著書『ゼロ』（ダイヤモンド社）で、大ベストセラーになりました。

これが大きなジャンプになって（山になって）、コメンテーターや評論家としての道も開けていった。大きな三角形を築くことができたわけです。

この大三角形の上に、「高さ」を持たせて三角錐を築こうとしているのが、「宇宙へ」というミッションです。液体燃料ロケット開発を行うインターステラテクノロジズを立ち上げると、ロケットを打ち上げ続けています。

また、最高級和牛を扱うＷＡＧＹＵＭＡＦＩＡを設立し、日本の「食」のすばらしさを世界に発信しています。

三角錐を作る時に大事なことは「どこで儲け、どこに投資するか」です。

すべてのポイントで「儲けるぞ」という人は成功しない確率が高い。その理由は明快で、「儲け」だけに固執する人はみんなが応援しないので、エネルギーが入ってこないからです。

堀江さんは投資家としても稼いでいるようですが、それを貯《た》め込むのではなく、ロケット事業に注ぎ込んでいます。民間企業でも宇宙に行ける。そんな大きな夢を描くから、多くの人に支持されるのでしょう。

率直に言って、現段階ではロケット事業は儲かっていそうにありませんよね。あるいは、損してでも、宇宙への夢を追いかけるつもりなのかもしれません。

宇宙ビジネスを推進しているのは、イーロン・マスク（テスラ会長／スペースX創業者）、ジェフ・ベゾス（アマゾン創業者）、リチャード・ブランソン（ヴァージン・グループ創業者）など世界的起業家ばかりで、日本で目立つのは堀江さんぐらいです。だから、堀江さんのところに、宇宙に関する最先端の情報が集まってきます。

もともとオンリーワンであるうえに、さらに希少性を高めているわけです。

西野亮廣さんのケース

次に、キングコングの西野亮廣《にしのあきひろ》さんを見てみましょう。

西野さんはお笑い芸人として、キャリアをスタートさせました。やがて突出するわけですが、そこに絵本作家というキャリアが加わり、「キャリアの大三角形」の底辺を固めます。

芸人としてなかなか伸びなくて悩んでいた時、タモリさんから「おまえ、絵を描け」とアドバイスをもらい、0・03㎜の黒ボールペンで細密画を描いてみたそうです。私の好きな初期の作品『Dr.インクの星空キネマ』や『オルゴールワールド』（共に幻冬舎）などは、1ページに1カ月かけていたそうです。いかに芸術性が高いかがわかります。

さらに彼は、オンラインサロン「西野亮廣エンタメ研究所」を始めます。会員数は2024年3月時点で3万5000人超と、日本一です。

自分にエネルギーが入ってくる装置を作ったわけですね。

この装置を作ったことで、その後の展開ができていきました。絵本が映画化され、さまざまな著名人とのコラボレーションが成立します。

そして、三角錐の「高さ」を作るべく、彼が宣言したのが「ディズニーを超える」です。こんな無謀なことは普通、誰も言いません。

しかし、だからこそ、みんなが応援するし、世界で戦える日本発のエンターテインメントに共感するわけです。

彼は絵本にしても、映画にしても、その資金はクラウドファンディングで調達しています。彼の希少性と大きな夢に、多くの人が惹《ひ》きつけられるわけです。

よく「お金がないからできない」と言う人がいますが、今や、お金は金融機関で借りるだけではありません。きちんと「キャリアの大三角形」を作り、希少性を獲得すれば、お金もついてくるのです。

必要なのは「志」「哲学」「美意識」

堀江さんと西野さんの実例が示すように、三角錐の「高さ」は、単なる仕事の成功やお金儲けでは生まれません。

ただ、稼ぐだけだったら、２人はこれほどの支援者やファンを獲得できなかったでしょう。もちろん原資となるものは稼ぎ続けるにしても、それとは別のチャレンジをしているのです。それが「高さ」となって、三角錐の体積を大きなものにしています。

つまり、必要なのは「志《こころざし》」「哲学」「美意識」です。

ありがたいことに、私もこれまでさまざまな取り組みについて、たくさんの方に応援・支援をしてもらいました。

それは、志の「高さ」があったからこそだと感じています。

私の場合は、リクルートの営業とマネジメントの蓄積が「キャリアの大三角形」の底辺になり、中学校の民間校長という「３歩目」の大ジャンプで大きな面積を作りました。

前述のように、幼稚園や小学校の校長、あるいは大学の学長をやってくれと言われたら、無償でも引き受けるでしょう。実際、武蔵野大学アントレプレナーシップ学部の学生への講義を頼まれますが、お金はいただいていません。

というのも、そこで儲ける必要はないからです。私の主たる稼ぎは講演です。

だから、著書を出すのも印税が目的ではありません。それより、いろんな人たちとのコラボが起こることが楽しい。時に、自分の印税率を下げて、コラボする人に回すこともあります。「朝礼だけの学校」も、儲けを目的にやっているわけではありません。金銭的な余裕ができたら、それを再投資していいものに作り替えていこうと考えています。

どこで儲け、どこに投資(もしくは無償で奉仕)するか。

先にも触れたように、40代以降はとりわけこれが重要になります。「高さ」へのアクションです。

私にとって、そのモチベーションとなるミッションの1つが、本書の冒頭で解説した「日本というクルマ」の危うさについて、多くの若者に気づいてもらうこと。

自動運転を解除し、自分でクルマを運転しましょう。自分の行きたいところに自分で運転していきましょうよ、という提案です。

もう1つが、学校教育を変えること。

教育こそ人間をつくる基本です。しかし残念ながら、日本の学校教育は戦後50年間、ひたすら大量生産する会社に雇われる労働者を大量に育ててきました。それは、個人を育てたというよりも消費者としての意味合いが強い。これを逆の流れにしたいのです。個人として目覚めてほしい。それが成熟社会における幸せに近づく方法だと考えるからです。「朝礼だけの学校」も、その一環です。

国内だけではありません。私は２０２０年、東南アジアのラオスに、仲間と共に13の学校を設立しました。日本からの寄付で建てると、そのまま現地の公立校になります。これは、日本との友好関係が深まることを念頭に置いた、平和のための投資です。西野亮廣さんも賛同し、協力してくれました。

60歳以降は、若いチャレンジに投資しよう

多くの読者にとってはすこし先の話かもしれませんが、人間の器を大きくする取り組みは、60歳を過ぎても続きます。それが、人生を充実させることになるからです。

しかし60代以降は、若い頃のようにアグレッシブに動いていくことはだんだん難しくなります。

そこでおすすめするのが、若いチャレンジに投資すること。

70歳、80歳になっても充実した日々を過ごしたい。若い人と仕事したり、遊んだりしたい。そのためには、この投資は欠かせません。言葉は悪いですが、若い人たちに〝かまっ

てもらう〟ために撒《ま》き餌《え》をするのです。

医師や弁護士など、一生ものの国家資格を持つ人は、年齢を重ねることで専門技術が蓄積され重みが出てきますから、このような心配は不要かもしれません。若い人たちも、優れた技術や円熟味を増した人柄をリスペクトするでしょう。

しかし、中途半端なエンジニアやホワイトカラーはそうはいきません。すでに述べたように、「課長ができます」「部長ができます」では若い人たちは鼻白《はなじろ》むでしょうし、「取締役をやっていました」など昔の肩書を誇示するような人には、軽蔑の眼差しを向けるでしょう。たとえ社長だったとしても、オーナー社長ではなく元・雇われ社長だったら、若い人たちが関係を作るメリットは大きくありません。

あなたが自分の人生の賞味期限を延ばし、若い人からエネルギーをもらおうと考えるなら、自分が余裕のある時に若い人に投資しておく必要がある。

私も若い人に投資しています。たとえば、社会起業家の牧浦土雅《まきうらどが》さんです。

牧浦さんは、私が校長をしていた頃の和田中学校からイギリスのボーディングスクール

（全寮制の寄宿学校）に移り、ブリストル大学に進学しました。大学を中退後は、アフリカで国際協力機関と農民とをつなげるプロジェクトに携わります。

現在はアフリカのガーナで営農指導や融資など、日本流の農業協同組合をＤＸ化したベンチャー企業Ｄｅｇａｓを起業。アメリカの投資家ピーター・ティールにも認められた若手起業家です。

私は彼に、バングラデシュで映像教育事業を立ち上げ、最貧の村から国内最高峰ダッカ大学に合格者を輩出させた税所篤快《さいしょあつよし》さんや、「スタディサプリ」の生みの親である山口文洋《やまぐちふみひろ》さんを紹介。彼の会社の設立時に出資もしています。

また、スイスに30年在住している投資家の佐藤隆《さとうたかし》さんの紹介で、インドのベンチャー企業ＤＭＩにも投資しています。

インドでは割賦《かっぷ》販売の金融業が急速に拡大しており、同社は個人にどれほど貸していいのかをＡＩが瞬時に判断するシステムを開発。グーグルのＥＣ販売やサムスンの携帯電話販売などに幅広くサービスを提供する成長企業です。

私の60歳の還暦記念パーティーでは、「車いす社長」として知られた春山満《はるやまみつる》氏（第5章でも触れます）からハンディネットワークインターナショナルを引き継いだ長男の哲朗《てつろう》代表、慶應義塾大学の岩尾俊兵《いわおしゅんぺい》准教授、大地震が起こったばかりだったネパールからの留学生ジギャン・クマル・タパさん（ネパール政府公式通訳）ら若手注目株を、招いたお客様150人に紹介、応援を約束してもらいました。

彼らとのかかわりは、常に私に刺激を与えてくれます。何よりも、5年後、10年後の彼らがどうなっているか、どんなことをしているか、非常に楽しみです。

情報編集力を高める2つのこと

人間の器を大きくするには、「キャリアの大三角形」の面積を大きくする必要がありますし、高さも必要になります。

ここで生きてくるのが、何度か触れた「情報編集力」です。

繰り返しになりますが、算数の問題などに速く正確に正解を出すのが「情報処理力」、正解がないか、正解が1つではない問題を解決する力が「情報編集力」です。正解のない問題に対して、試行錯誤しながらクリエイティブに「納得解」を導き出す力です。

前者は、教科書をマスターするなど、決められた勉強を積み重ねることで養うことができますが、後者はそうではありません。答えは決まっていないし、自ら作るものでもあるので、物事のつながりについての豊かなイマジネーションを育《はぐく》まねばなりません。異質な要素（モノ、コト、ヒト）を掛け算してつなげる力のことだからです。

その際に求められるのが、「遊び」の要素です。


保守的な官僚や仕事のできないビジネスパーソンは、物事を高速で処理する情報処理力は高くても、情報編集力が欠如しているケースが多い。

私が40年以上にわたる社会人生活で観察した結果、総合力として情報編集力の高い人の特徴は、次の2点です。

①「遊び心」があって、イマジネーションが豊か
②「戦略性」がある

この2つを満たしている人は「仕掛ける側」に回れます。先にも触れた「仕掛けられる側」「ルールを守る側」ではなく、「仕掛ける側」「ルールを創る側」に回れるのです。

そして、この2つは「仕事ができる人」「打つ手が当たる人」「予測が的中する人」「人望がある人」「リーダーシップのある人」「マネジメントがうまくいっている人」「業界のイノベーターとして周囲に認められている人」「実際に社会を動かしている人」「運が良いように見える人」「自分の人生を主人公として生きている人」に共通する特徴でもあります。

「遊び心」は、「ゲーム心」と言い換えられるかもしれません。いかに面白がるか、面白いと思うことに即アクションを起こせるかが肝心です。

「戦略性」は、狙った獲物は外さない感覚。目標やビジョンを実現するためには、まず行動を起こし、無限に修正を続けるしつこさが必要になります。そのためには、多様な資源を上手に編集していくことが求められるのです。

情報編集力は、さまざまな遊びや体験によって養われます。10歳くらいまで徹底的に遊んだ経験が基盤を作ります。ですから、子供は少なくとも小学校の中学年までは思い切り遊ばせたほうがいい。

思考停止に陥らないために

第1章で、「情報処理力」をジグソーパズルに、「情報編集力」をレゴに喩えました。

私に言わせれば、ジグソーパズルは正解主義のゲームです。すでに完成図があり、その通りに完成させていく。いっぽう、レゴは自分で自由に作っていい。完成形は自分のイマジネーション次第で作り出せるわけですから、「世界観」が求められます。

日本は戦後、アメリカという先進国に追いつき追い越せで経済成長を成し遂げました。豊かなアメリカのようになりたいと、その完成図を追いかけたのです。しかし欧米に追いついてしまったあとは、目標となる完成図がない。もはや正解はなく、必要なのは納得解です。

だから、情報編集力が求められるのです。

ただ、日本人は目標やマニュアル通りに動くことは得意でも、ビジョンや世界観を作り出すことには慣れていないし、不得意です。

だったら、いきなり完成させようとしなくていい。

動きながら、試行錯誤しながら、改善していけばいいのです。その結果、最初にイメージしていたものとは違うものになってもかまいません。それは実際によくあることですし、だからこそ「3歩目」の大ジャンプが起きるわけです。

残念なことに、日本社会には相も変わらず、「正解主義」が蔓延《はびこ》っています。

たとえば、手作りを楽しむ道具やパーツを提供するDIYの店に、完成品（正解）を求める消費者が少なくないそうです。オリジナルなものを作ったり、それを楽しんだりするのではなく、店長などが作ったモデルを買うことで済ませてしまう。思考停止していますね。

わかりやすいのはレストラン選びです。

「ミシュランガイド」や「食べログ」を見て店を選ぶ人が多いようですが、これは自分の判断でお店を選んでいるようで、他人の評価に動かされているだけ。つまり、仕掛けられているわけです。

20代・30代はそのようにして舌を鍛えるのもいいかもしれませんが、40代になったら方針を変えたほうがいいでしょう。たとえば、気に入った1つの店に100回通って店を育てるくらいの気概を持つのです。

そのほうが楽しいですし、お店からは大事な顧客として扱われるでしょう。

これらはあくまで例にすぎませんが、意識を転換するだけで情報編集力は高まります。

「遊び心」と「戦略性」、これをどんな時にも意識しましょう。

それが、三角錐を大きくし、人間の器を大きくすることにつながっていくからです。

第5章

運を味方につけるには？

私はこれまで「運」について著書で触れたり、講演で述べたりしたことはありません。

しかし、「場所取り」において、運は大きな比重を占めます。なぜその会社に入ったか、なぜその仕事を選んだか、なぜその人と出会ったか……。

そこには運が大きく影響し、作用しているのです。

ならば、運を味方につける方法を述べる必要があります。

また、生成AIへのアンチテーゼでもあります。

昨今、生成AIを活用する人が増え、その回答通りに動く人も登場しています。「日本というクルマ」の自動運転どころではありません。AIが見定めた予定調和の日々、そんな人生が楽しいでしょうか。幸せなことでしょうか。

本章は運を味方につける方法や、AIによる合理性への逆張りについてお話しします。

行動はすばやく、数多く

運がいい人、運を引き寄せる人には共通の習慣があります。

それは、すばやく行動を起こし無限に修正していくこと。

1日に1回の行動しかしない人と、100回行動(修正行動を含む)する人を比べてみましょう。もし、幸運がみんな平等に100回に1回配分されるとしたら、前者は幸運が巡ってくるのに最大100日かかりますが、後者は1日目にして幸運が訪れることになります。

つまり、運を引き寄せる人は運が回ってくるのをじっと待っているのではなく、積極的に行動しているからこそ運が巡ってくるのです。

十分に分析してから一発で当てようというのは「正解主義」。そうではなく、まずやってみて(1歩踏み出してから)、どんどん修正していく「修正主義」が必要です。

それには「DA・DA・DA」で仕事を進めましょう。

業務を正確にスムーズに進めるために、よく言われるのが「PDCAサイクル」です。

すなわち「Plan(計画)」「Do(実行)」「Check(評価)」「Act(改善)」のプロセス。この順番でプロジェクトを進め、改善が終わったら、再び計画に戻る。このサイクルを繰り返して事業やプロジェクトの精度を高めていくわけです。

しかし、変化のスピードが格段に速くなった今、ＰＤＣＡの４段階を毎回踏んでいたのでは、あっというまに世の中に置いていかれてしまいます。

それより、実行したらすぐに改善し、改善策を実行したらまた即、改善する「Ｄｏ・Ａｃｔ・Ｄｏ・Ａｃｔ」。つまり「ＤＡ・ＤＡ・ＤＡ」のリズムにすべきなのです。

大事なのは、まず行動すること。

行動して結果を得なければ、何を修正すればいいのかわからないからです。答えがない不透明な時代だからこそ、「ＤＡ・ＤＡ・ＤＡ」が大事です。たとえ失敗しても、すぐに改善すれば、大きなダメージを受けることはありません。

とにかく、まず１歩を踏み出すことです。

相手を笑顔にする人に、幸運の女神は微笑む

では、すばやく行動を起こすとは、具体的にはどのようなことでしょうか。

たとえば、気になる人物が成果物を発表した時、誰よりも早くフィードバックすること。

私の場合、知人が本を出した時には、発売と同時に購入。即座に一気読みをして、２～

3行でも感想をメールで送ります。

著者は、一番に感想を送ってきた人のことをけっして忘れません。それが数行だったとしても、2番目・3番目よりはるかに印象に残ります。のちに味方になってくれる可能性が高まるのです。

運はフィードバックの早さ、多さ（回数）に寄り添うということ。

また、他者との関係を常にクリエイティブなものにしたいと考える。これも、運が巡ってくる人の習慣です。

リアクション芸人は、やや大袈裟《おおげさ》なリアクションで視聴者を笑わせます。もちろん芸人ですから、そこには笑ってもらおうという意図があります。このような意図は、われわれ一般人も持つべきです。

なんとなく生きる、なんとなく行動するのではなく、さまざまな場で積極的に・意識的に生きていく。そして他者との関係を丁寧に作っていきましょう。

前述のように、私はフランス人の生活信条「アール・ド・ヴィーヴル」を「芸術的生活術」と訳しました。パリでの生活を振り返ると、それは目の前の相手に心地よいサプライズを与えようとする態度にほかならないと思うのです。

たとえば、すれ違いざまに相手のファッションを褒めるリアクションがそう。友人を自宅に招いて夕食をふるまう際、食卓の調度品やワインも大事です。それは高級であるとか、ブランド品であるとかの問題ではありません。実際、私がパリにいた間、一度たりとも、出されたワインの講釈を垂《た》れられたことはありません。「このワイン、素敵ですね」と私が言うと、「夫婦で好きなんだ」という言葉だけが返ってくる。ワインは食事を豊かにする道具。それ以上でも以下でもないのです。だからこそ、どんなワインを選ぶのかが問われます。

そんなちょっとした工夫で、日々の生活は彩《いろど》り豊かになります。グリム童話の「シンデレラ」にあるように、カボチャを馬車に変えるようなことを、フランス人はごく普通にやります。それが記憶に残らないはずがない。

相手に喜んでもらおうとする。そういう人には幸運が訪れます。

私は大事な人とはベタベタすることなく、付かず離れず長くつきあいます。たまにサプライズな集まりやイベントの場を作り、紹介したい人を連れて行ったりする。出会いがエンターテインメントの場であるかのように演出するのです。

そこから新たなプロジェクトが生まれたりもしますが、それはあくまで結果論です。まず、相手に楽しんでもらいたい。相手が楽しむことで、私も楽しくなるからです。

自分の失敗談を話すと、プラスエネルギーを得る

私は前章で、失敗、挫折、病気など人生の「谷」やマイナスモードの話は他者の共感を呼ぶ、と述べました。

しかし共感だけではありません。運も呼び込みます。

なぜなら、自分の弱みを真摯に語る人には、聞いている人のエネルギーが流れ込んでいくからです。言わば、マイナスイオンがプラスイオンを引き寄せるように、相手のプラスイオンが自分に流れ込んでくる。そうして運が引き寄せられる。

小学生の頃にいじめられた話、中学生の頃からのコンプレックス、高校での失恋、大学時代にアルバイト先で失敗したこと、社会人になってからの恥ずかしい話……。

こうした自分の弱さをさらけ出す話に、人はついつい耳を傾けてしまいます。記憶に残るのです。そして、話した人に好印象を抱き、心の通う関係を築くきっかけになります。対して、人生の「山」の話、プラスモードの自慢ばかりする人を想像してみてください。心地良く感じる人はまずいません。むしろ、反発心が生じる。プラスイオンばかりぶつけられて、こちらのプラスイオンとぶつかるからです。

私がリクルートで営業をしていた頃、自分としては完璧なプレゼンができたと感じていたのに、クライアントに「よくわかりました。検討して、のちほどお電話します」と言われたまま、梨《なし》の礫《つぶて》だったことがありました。

プラスイオンだけで攻めすぎて、自分では説得し切ったように勘違いしていたのです。逆に「この商品のダメなところはどこだと思いますか?」とクライアントに聞いたことで、契約に結びついたことが何度もあります。

マイナスイオンとプラスイオンが結びつくと、おたがいのエネルギーの交流が起こって、相手と深く結びつける。コミュニケーションの化学ですね。

しかし、人間は年を取るとプライドが邪魔をして、なかなかマイナスモードの話ができなくなります。そして自慢話をしたがる。でも、そんな話は誰も聞きたくありません。印象を悪くするだけです。

「いやー恥ずかしながら、こんな失敗しちゃって……」

マイナスモードの話にはユーモアの空気が流れます。また、自分のマイナス情報を披露できるほど余裕がある人だ、ということも伝わります。

失敗談を面白おかしく語れる人に人気があるのはそのためです。

私にも、マイナスモードの話がいくつもあります。恥ずかしいこと、悔しいこと、思い出したくもないこと、などなど。そんな話を集めたのが図12（182〜183ページ）です。

ユーモアとウイットを鍛えよう

人を惹きつけるのは、マイナスモードの話だけではありません。

ユーモア（おかしみ）とウイット（機知）もそうです。

ユーモアとウイットのある会話ができる人の周囲には、自然と人が集まります。欧米では階級が上がるほど、重視されます。

〈マネージャー・管理職、30代〉
●大阪で、プライドを捨てたベタベタの営業を教わる
●子供ができて銀行から借金して家を買うも、バブルが弾けて半値に
●機動部隊の部隊長はできるが、大きな組織の長には向かないと実感
●突然、メニエール病を発症。以後５年間、後遺症に悩まされる
●出版社を立ち上げたものの、書籍についてはわからなかった

〈フェロー、40代前半〉
●無謀にも会社をやめる。妻に相談しなかったため、のちに怒られた
●会社を作って〝会社ごっこ〟をしたが、個人事業主でよかったと後悔
●新情報誌事業が100万部に達するも、のちにネット系に抜かれ、廃刊
●シルバー向け事業も、教育用マルチメディア事業も立ち上げには至らず
●教育、医療、住宅、個人と個人のネットワーク。どれを深掘りするか迷う

〈40代後半～50代前半〉
●はじめてノンプロフィット組織をマネジメントして面食らう
●外での苛立ちを、家庭に持ち込むことが何回もあった
●生活保護、準要保護、外国人妻、DV、発達障害などを現場で体験する
●自分は大人になりきれていないのではないか、と何度も自問自答する
●事故の対応をめぐり、自分の限界を知る

〈50代後半〉
●60歳まで髪が残るか心配になり、養毛剤を使用
●このままでは「老人」の意識はないが、それでよいのか
●フリーランスのため、何の保障もないが、食い扶持は続くだろうか
●スマホを緊急用・発信専用で保有するも、電話以外は使えない
●パワポもエクセルも使えず、パソコンにワードも入っていない

図12 藤原和博のマイナス情報

〈中学生〉

●1年生、サッカー部がなかったため、剣道部に入るも、夢中になれず
●アレルギー体質のため、水疱瘡が巨大化したり、顔に湿疹ができた
●アマチュア無線の資格を取って始めたものの、これまた長続きせず
●2年生、悪ぶりたくて万引き事件を起こし、家庭裁判所に送られる
●不良を学級委員にすべく選挙違反をしたら「内申書に書く」と凄まれた

〈高校生〉

●バスケットボール部で楽しんだが、まじめに取り組むべきだった
●おでこに派手なニキビができて、イケメン(!?)が台無しに
●彼女ができたものの、どうつきあったらよいかわからず、別れる
●受験勉強の仕方がわからず、友人に聞いて徹底的に真似る
●3年生、物理と化学(特に分子式)が大嫌いと気づき、夏休みに文転

〈大学生〉

●1年生、入学してまもなく「五月病」になり、しばし引きこもる
●経済学部に入学したのに、「マル経」も「近経」も知らずに恥をかく
●自動車教習所に通うが、右も左もわからず、教官にいじめられる
●バスケットボール部に入る自信がなく、高校時代の仲間とやる程度に
●はじめての海外旅行。ローマの中央駅で寝て、すべてを盗まれる

〈新人・若手、20代〉

●株で数百万円の損失、絵画に数百万円を費やすもほとんど無価値に
●某社への営業を親会社に報告したら、「出過ぎたこと」と出入り禁止に
●某顧客の入社説明会のDMを出し忘れ、学生がまったく来なかった
●某取引先の部長にお見合いをセットされ、結婚させられそうになる
●同期に課長昇進で先を越され、悔しがる

ユーモアとウイットは情報編集力の重要な要素でもあります。情報編集力は、異質な要素（モノ、コト、ヒト）を掛け算でつなげることが求められるからです。

では、ユーモアとウイットを交《まじ》えて話す力をどう鍛えるか。


私は「朝礼だけの学校」で、次のような問いかけをしたことがあります。

「あなたを動物に喩えると何ですか？　その動物で、自分をプレゼンしてください」

実は、これは大学や就職の面接でけっこう出題されています。私も面接官として質問したことがありますが、相手はかなりドギマギしますよね。私の場合は、続けて「昆虫に喩えると？」「花に喩えると？」と聞いたことも。

この問いは、あらかじめ喩えるものを決めておかないと、ウイットを交えて話すことがなかなかできないでしょう。面接官は、いきなりの質問にどう答えるか、機転が利《き》くか、頭は柔《やわ》らかいか、を見ているのです。

だから、分析的に回答を導くのではなく、遊び心で返したほうがいい。

具体的には、まず喩えるものを決め、その理由を屁理屈でもいいからつけてしまいましょう。たとえば、ひまわりが浮かんだら「私はひまわりです」と答える。そして、「明るいほうに常に向きます。明るい未来に向けて、希望を持っているからです」などと答えるのです。

抽象的なものを具体的なものに喩えるメタファー力、比喩力は、リーダーに必要な言語能力です。プレゼンでも、喩え話がうまいと成功する確率が高まります。

みなさんもぜひ、やってみてください。

脳がつながる場所を作る

運の良い人は、運の良い人とつながっています。運の良い人と出会うことは、自分の運を高めてくれます。だから自分の身を、運の良い人が集まる場所に置きましょう。

その1つがコミュニティです。

コミュニティとは「脳がつながる場所」です。脳がつながることで、情報編集力は確実に磨かれ、人生はより強いもの、深いものになっていきます。

人生の後半戦を、誰とどのように脳をつなげて生きるのか。それは、どのようなコミュニティを作り育て、自分の居場所にするか、にほかなりません。

では、どのようなコミュニティに入ればいいのでしょうか。

意識すべきは、会社や組織とできるだけ離れること。

なぜなら、会社や組織はあなたの人生を記憶しないからです。組織があなたの人生を記憶しないのは、組織が機能の集合体だから。仮にあなたがいなくなっても、次に機能を果たせる人がやってきて、その役割を埋めていきます。創業者さえも、株式を手放したら、同じ扱いになります。

自分の人生を記憶してほしければ、家族を含めたコミュニティに痕跡を残すことです。あなたの軌跡／奇跡の記憶媒体は、組織ではなくコミュニティなのです。

私が創立した「朝礼だけの学校」は、言語能力が高い人たち同士が脳をつなげる場所だと思っています。

すでに述べた通り、「朝礼だけの学校」では生徒＝先生です。つまり、おたがいが学び合うコミュニティなのです。しかも、その構成員には、小学生から80代まで多種多様な人たちが集まっています。

そこには、会社のように一方的な指揮系統はありませんし、肩書で呼び合うこともありません。何を知っていて、何を提供できるか。何が知りたくて、何を学びたいのか。こうした目的意識を持てば、異質なモノ、コト、ヒトが結びついて、成長を加速させます。

さらに、次の1万時間、つまり「2歩目」「3歩目」「高さの獲得」に何をするかのヒントを見つけることもできるでしょう。

また、1万時間でスキルをマスターしようと練習を始めている人たちを応援し合う風土があります。

競争する必要がないし、みんな違う方向を向いて走っているマラソンランナーのようなものだから、自然とリスペクトが生まれる。励《はげ》まし合いながら、勇気を称《たた》える。そして、希少な人材になる。

そういうことを目指していると、自然、運気も上昇していきます。

あなたも、ぜひそのようなコミュニティを見つけ、積極的にかかわっていきましょう。なかなか見つけられないようでしたら、「朝礼だけの学校」への入学をお待ちしていま す（笑）。

私に起こった奇跡

経営学者の田坂広志《たさかひろし》さんによれば「この宇宙の中で起こったすべての出来事のすべての情報が、『量子真空』の中の『ゼロ・ポイント・フィールド』」に記録されており、私たちの意識がそこにつながれば、「『未来に起こる可能性のある出来事』についても、知ることができる」そうです（『死は存在しない』光文社新書）。

これは、最先端の量子科学で示された「ゼロ・ポイント・フィールド仮説」です。

22世紀までに、超常現象なども科学的に解明されてしまうかもしれません。

科学的に証明できるか否かに限らず、世の中には「奇跡」としか言いようがないことが存在します。

これは、口に出さなくとも、多くの人が実感しているのではないでしょうか。

私にも、どう考えても起こるはずのない確率で、「偶然」の現象や出会いが起こったことがあります。思わず鳥肌が立つような「100万分の1の確率」体験です。

ここに、私の身に起こった5つの物語を紹介しましょう。

(1)「よのなか科」成立の陰に縁あり

私は２０００年、書店の有隣堂の篠崎孝子《しのざきたかこ》社長（当時）に依頼され、それまでずっと温《あたた》めてきた「よのなか科」の授業を、はじめて横浜の山手《やまて》学院で実施しました。

これは、世の中で起こっている問題を主体的に考え、情報編集力をつけることを目的としたもので、①まず課題を提示し、②それについての簡単な知識を与え、③生徒たちによるディスカッションやワークを行い、④生徒各自で考えをまとめるスタイルの授業です。

担当になった社会科の杉浦元一《すぎうらげんいち》先生は、ワークシートの原型を作ってチーム・ティーチングを行い、とても上手に授業を進行してくれました。私は感心しきりでした。終了後の打ち上げで話したところ、なんと私と同じ青山高校の出身で、しかもバスケット部の後輩であることが判明します。

その後、彼は東京の足立《あだち》区立第十一中学校に転職、「よのなか科」は同校で年間を通じた授業となりました。

さらに、「よのなか科」は杉並区立向陽《こうよう》中学校や品川《しながわ》女子学院に広がり、私が和田中学校の校長に就任後、５年間にわたる１５０回以上の授業実践へとつながりました。

途中、杉浦先生を和田中学校にスカウトし、教務主任をやってもらったこともあります。彼がいなければ、「よのなか科」は広がることなく、1回きりで終わっていたかもしれません。

人との縁が、「よのなか科」の授業スタイルとして結実したわけです。

(2)一目惚れの絵

私は30代前半の頃、友人で画商の鈴木洋樹《すずきひろき》さん(現・ホープベアーギャラリー経営)にパンフレットを見せられ、そこに映っていた、ある絵に一目惚《ひとめぼ》れしました。

スペインの宮廷画家であり、最後の印象派と言われたホアキン・トレンツ・リャドの「カネットの夜明け」です。

私は瞬間的に反応、「私が買うから」と電話で告げました。

とはいえ、子供が生まれたばかりでお金がありません。「孫のために」と両親が送ってきたお金を動員しても、600万円足りない。「もうあきらめよう」と考えていた矢先、後輩が「会社をやめて独立するので」と挨拶に来ました。

「じゃあ、イタリアンでも食べながら壮行会をしよう」ということになりました。

食後のコーヒーを飲んでいる時、彼が次のように話し始めたのです。

「藤原さんに一緒に見に行ってもらったマンションがあったでしょう。あれも売ることにしました。それを新会社の資本金にして、残りで妻にユーノス・ロードスターを買ってあげたんですが、ちょっと余った資金があるんです。それを、どうしたらいいか相談したかったんですけど……」

私が「いくらなの？」と問うと、彼は「600万円くらいなんですけど」と言うではありませんか。全身が総毛立《そうけだ》つとはこのことです。

なぜ、ここまでピッタリのお金がこの場で提示されたのか⁉︎　……奇跡としか思えませんでした。


私は彼に絵の共同購入をすすめ、実現します。その後、彼は会社経営上の追加資金が必要になり、私は利子をつけて資金を返しました。

この絵は今も、わが家に飾ってあり、来客の目を楽しませています。と言うより、この絵を飾るために、私は家を建てたのです。この絵があったからこそ、がんばれた。そう思うと、この絵との出会いは運命だったとしか言いようがありません。

(3) 100万戸のうちの1戸

前述のように、私はリクルート勤務時代、会社にヨーロッパ行きを直訴。1993年11月に、4歳の長男を連れて夫婦でイギリス・ロンドンに移住しました。翌年1月、次男が誕生します。

最終目的地はフランス・パリでしたので、秋から家族で住むアパートを探し、12月にはボロボロのフォルクスワーゲンでユーロ・ディズニーランド（現・ディズニーランド・パリ）を経由し、パリに入りました。

引っ越し先はパリ16区、アメリカ人所有のデュープレックスのアパートです。天井裏の部屋（かつてメイドさんが住んだ部屋）からエッフェル塔が見える素敵な住居でした。

住んでしばらく経ってから、驚くべきことがわかりました。

妻の叔父（フランス文学の大学教授）が、同じアパートの下の部屋に寄宿していたというのです。しかも、そこに住んでいる老婦人は、かつてホームステイさせていた日本人

（義叔父）を覚えていました。

パリ市の住居は郊外も含めれば100万戸を超えています。そのなかで、なぜか同じアパートを選んでいたのです。偶然にしてはできすぎた話ですが、事実です。

1年後、長女が生まれました。パリはまさしく、第2の故郷になったのです。

(4)天然記念物を飼う

2006年正月、「今年は戊年《いぬどし》だから犬を飼おう」と思いつきました。

私は直観を大切にします。そして、すぐに行動に移します。まさに「思い立ったが吉《きち》日《じつ》」です。

そのようななか、新聞記事で川上犬の存在を知りました。

川上犬は長野県南佐久《みなみさく》郡川上《かわかみ》村に伝わる中型犬で、秩父《ちちぶ》山塊《さんかい》のヤマイヌが祖とも言われ、周囲と隔離された地域で血統を育んできました。長野県の天然記念物にも指定されています。

私は早速、川上村に電話をし、村長に「いずれ川上犬を飼いたい」と伝え、娘と出向くことにしました。村長は川上犬保存会の会長、偶然にも私と同じ苗字でした。

当日はクリスマス・イブ、雪が降っていました。私たちは電車で行ったので問題はなかったのですが、その日、引き取りに来るはずの関西の夫婦が川上村までの雪道を上れない、という事態に。

私は藤原村長に頼み込み、1匹残されていた子犬を奪うようにもらってきたのです。

しかも隣村に友人の医師が赴任しており、その息子さんが私の自宅まで自動車で送ってくれました。

子犬は娘に抱き抱えられ、長いドライブの末にわが家に着いた直後、我慢していたおしっこをしました。「ハッピー」と娘に名づけられた雌の川上犬はのちに4匹の子を産み、15年の天寿をまっとうして召《め》されました。

(5)思わぬところで後輩に再会

2015年、認知症になった父の介護が必要になり、私は住んでいたマンションのすぐ裏にある介護施設を訪ねました。

そこに、元リクルートの仲間がいたのです。

彼女は私の1年後輩で、海外ツアー事業を経て、その昔、リクルートのビルの地下にあるカフェ・レストランの支配人だったことがあります。ある時、私が仲良くしていたハンディネットワークインターナショナル社長（当時）の春山満さんに気に入られ、彼の導きで介護業界に入りました。

その後、彼女は大阪に研修に行ったり、病院の介護現場で働いたりして、知らない間に腕を磨き、私の家の近くにあるＳＥＣＯＭ系の介護施設の施設長に就任していたというわけです。

思わぬ再会に、２人して喜んだのは言うまでもありません。

父の介護にまつわる話はこれで終わりません。

その後、前述のように、私は一条高校への赴任が決まり、父も一緒に連れて行くことになりました。問題は、父をどう運ぶか。新幹線には乗せられないかもしれない。

ある時、講演先の永田町《ながたちょう》から銀座《ぎんざ》まで、たまたま乗ったタクシーの運転手さんと雑談をしていたところ、元ＰＴＡの役員経験者で、教育改革のニュースにも明るい人であることがわかりました。運転の腕も確かです。

私は即座に、私と両親を奈良まで運べるかを聞いてみました。すると「泊まりになるけどOKだ」と言います。なんと彼は介護タクシーも経験済み。しかも、こども食堂の経営もしているとのことで、私は奈良から帰ってきてからも応援することにしました。

これまた偶然にしてはできすぎですが、私の行動を見て何か気づくでしょうか。

本章の冒頭で述べた、「すばやい行動」です。私は良いと思ったら、即座に行動します。これが運や縁を引き寄せているのだろうと思います。

なぜ運を引き寄せられるのか

このように、ラッキーな事象を書き連《つら》ねると、私の身に幸運だけが起こったように思われるかもしれませんが、図12（182～183ページ）に示した通り、人並みに不運な出来事に見舞われてもいます。

結局、5つの「100万分の1物語」は、運が良かった時の思い出をつなげればこうなる、という見本にすぎません。しかし、こうした思い込みこそが大事なんです。

「自分は運が良い」と思えば、そのような思考回路が開かれ、運が引き寄せられるからです。

では、なぜ運が引き寄せられるのでしょうか。

以下は、科学的に証明されたものではありません。あくまで私の考えであり、仮説です。

生物学者によると、イルカやクジラは信号を発し、遠方の仲間とコミュニケーションしているそうです。人間も同じだと思うのです。

人間はもともと電気的な動物であり、体の半分は水で構成された半導体のようなもの。だから、寝ている間でも情報を発信し、通信する。常にスマホのように電波を出しているのではないか。つまり、私たちは言葉でしゃべらなくても、あるいは声が届かない遠方でも、意識している・いないにかかわらず、常時、通信しているのではないでしょうか。

だとすれば、脳の機能が鍵になります。

脳内で自分が意識を向けたもの・集中したものに沿って、シナプスがつながり回路ができると、発信されるメッセージは強くなるはずですよね。強いメッセージが発信されると、そのメッセージに呼応するかのように、同じような波動を持ったモノ、コト、ヒトが寄ってくる。

これが、「引き寄せの法則」と言われるものの正体ではないでしょうか。

だから、「情報編集力」を鍛え、本来異なる要素のモノ、コト、ヒトを掛け算でつなげる練習を積むと、一見、奇跡のような現象が起こるのです。同じような波動を持ったモノ、コト、ヒトが、自分が脳から放った波動に共振して、引き寄せられるからです。

先に紹介した「ゼロ・ポイント・フィールド仮説」とも通じるものがあります。

この仮説が解明されると、一気に哲学と科学と宗教に統一理論ができるかもしれません。もともとこの3分野は根っこでつながったものだったのですから、再び合流しても不思議ではありませんよね。

私に起こった奇跡の出会い

よく、あの人とは「波長が合う」「気が合う」「以心伝心」といった言葉が使われますが、これは自分の脳内のメッセージに呼応して、同じような波動を持つ人が寄ってくる、引き寄せ合うということなのかもしれません。

その時、その人になぜ出会ったのか。

私自身の体験から、出会いが起こす奇跡について考察してみます。

⑴さだまさしさん

私は、シンガーソングライターのさだまさしさんと顔が似ています。私のほうが3歳年下なので、勝手に「義理の弟」を名乗ってから、約40年のつきあいになります。

「教育界のさだまさしです」という自己紹介は、私のツカミです。

さださんとの出会いは1985年のこと。

当時、マイケル・ジャクソンをはじめ、アメリカのスターたちが、アフリカの飢餓救済のために「USA for Africa」というプロジェクトを立ち上げました。そこから生まれた曲『We Are The World』が大ヒットするのですが、広報課長だった私はこのビデオをいち早く入手して、リクルートの広報室で、みんなで見ていました。

私は、立ったまま涙が止まりませんでした。

何が起こったのかと歩み寄ってきた江副浩正社長に、私は言いました。

「こういうの（世界を救うメッセージをスターがジャンルを超えて結集し歌い上げること）、なぜ日本でできないんでしょうね。もし、日本でできたらスポンサーしますか？」

江副さんは即答しました。

「いいじゃない。できるんだったら応援したいね」

興奮した私は翌日、盟友で宣伝課長の東正任《ひがしまさとう》さん（現・美楽界代表）と打ち合わせをします。

東さんが相談相手として最初に挙げたのが、矢沢永吉《やざわえいきち》さんでもなく、小田和正《おだかずまさ》さんでもなく、松任谷由実《まつとうやゆみ》さんでもなく、井上陽水《いのうえようすい》さんでもなく、さだまさしさんでした。

この時点では、私たちとさださんとは接点がありません。さださんがＤＪを務めていた文化放送「セイ！ヤング」などのスポンサーでもありませんでした。

とはいえ、さださんの事務所「さだ企画」にコンタクトし、社長であるさださんのお父さんとアポが取れました。

その前に時間を潰そうと、２人で銀座の街に出ました。

まず、銀座・和光の裏にある映画館に向かいます。私は、映画を途中で退席するのは平気でしたが、東さんは嫌だと言います。それならば、と喫茶店に行くことになりました。

そこから、なぜか2人の足は日比谷《ひびや》の帝国ホテルに向かったのです。さしたる理由はありません。

ロビーの1階のカフェに腰を下ろすと、私は仰天《ぎょうてん》しました。

ちょっと離れた席に、さださんによく似た人がいたのです。どうやら、さだまさしさん本人のようです。向かい側に座っているのは、作詞家の湯川《ゆかわ》れい子《こ》さんでした。

すこししてから、私たちは挨拶したのですが、説明がしどろもどろになったことを覚えています。その日、お父さんと会う約束をしていたんですから。

私たちは、さださんのマネジャーの車で四谷《よつや》にあった「さだ企画」に向かうことになりました。話が盛り上がったことは言うまでもありません。

その後、江副さんが、さだまさしさんのグレープ時代の曲『フレディもしくは三教街―ロシア租界にて―』を大好きだったことも判明します。

そしてリクルートのホールでのさだまさしコンサートを皮切りに、ヤクルトに代わってリクルートが「セイ!ヤング」のスポンサーをするなど、縁が深まっていきます。個人的には、ゴルフや京都・祇園《ぎおん》の遊びに呼び出されるようになりました。

これはあとからわかったことですが、さださんと湯川さんが話していたのも、『We Are The World』日本版はどうしたら実現できるのか、だったそうです。

幾重にも重なった縁だったのです。

(2)隈研吾さん

建築家の隈研吾さんとは、彼が無名だった頃から30年以上のつきあいになります。

私がメディアデザインセンターとメディアファクトリーで部長を務めていた1990年、リクルートが買った代官山《だいかんやま》の土地に、会社を移す計画がありました。

そこは江戸時代の代官屋敷の跡地で、豪奢な門から屋敷まで道がついていました。これをすこし改築すれば、かっこいい建物になるだろうと考えた時、模型を作ってプレゼンしてくれたのが、自分の事務所を構えたばかりの隈さんでした。

結局、その改築は実現しなかったのですが、以来、年賀状での交流が続きました。

ある時、私は神宮前《じんぐうまえ》の不動産屋さんから、表参道《おもてさんどう》のキャットストリートの東端にある駐車場の角地8坪を買わないか、と持ちかけられます。それなら隈さん設計の世界最小建築物をプロデュースできるかな、と色めき立ったのです。

しかし、土地代が指値《さしね》まで下がらなかったので実現しませんでした。

そして2017年、ついに隈さんと仕事をする機会がやってきます。私が校長として赴任していた一条高校の講堂が耐震基準に満たず、改築することになったのです。私は生徒と教師、保護者、OB・OG会、市長と教育委員会、さらに議会を説得し、隈さんの設計で新築することになりました。1年がかりです。隈さんも快《こころよ》く引き受けてくれました。

ちなみに、隈研吾建築都市設計事務所には、公共建築物基準に準じて建物原価の3%の設計料しか払っていません。建築予算も大幅に上乗せしたわけではありません。それでも寄付が4000万円を超えて集まり、そのなかから設計料を払うことができました。

隈さんと私には、共通の思いがありました。

それは、生徒のイマジネーションを刺激するクリエイティブな建物にすることです。全国の学校の校舎のなかには、補強材を入れても耐震基準に満たないものがあります。また少子化に伴い、学校を統廃合して新校舎に建て替えるケースもあるでしょう。

しかし、黙って教育委員会に任せると、まるで豆腐《とうふ》のような無表情な校舎になってしまいます。

教室の配置などは、箱型が並ぶほうが合理的かもしれません。また、両脇と裏の三方の壁も窓があるシンプルな造りで、派手なデコレーションは不要だと思います。

しかし、玄関周りのファサード部分を工夫すれば、美しくて機能的な設計デザインが可能です。実際、最近では、玄関を入ってすぐの場所に、地域社会の人々も利用できる図書室を配置する開放型の学校も出てきました。ここだけでも地元の若手建築家のコンペにして建て直すのはどうでしょうか。

そうすることで、OB・OGだけでなく、保護者やサポートしている地域コミュニティの人たちに好感され、何よりも、毎日そこで学ぶ児童生徒の好奇心を刺激して、母校に誇りを持たせることができます。

私は隈さんに、一条高校の講堂を「平城京《へいじょうきょう》に浮かぶ〝現代の遣唐使船《けんとうしせん》〟一条丸が、乗組員である生徒を乗せ、未来に向けて出航する姿を体現してほしい」と依頼。

2020年、この理想通りにICHIJO HALLが竣工しました（左の写真）。

ICHIJO HALL

隈研吾設計による、奈良市立一条高校の講堂。生徒たちを乗せた帆船「一条丸」の舳先《へさき》をイメージしたデザイン

現在、隈さんとは「富士山登山鉄道計画」で協業しています（後述）。私は、新たな奇跡が生まれる予感がしています。

(3)はるな愛さん

2001年、足立区立第十一中学校で行われていた「よのなか科」の授業の評判が良く、学園祭で「よのなか科」を選択している生徒主催で講演会を行うことになりました。テーマは「男らしさ、女らしさの偏見を疑う」です。

この時に、男性の女装家に加え、友人の紹介で、はるな愛《あい》さんを呼びました。

愛さんは芸能界にデビューしてはいましたが、まだ売れっこになる前です。彼女は質問に対する応答もクリアで、私は頭のいい人だなあと感心しました。

私が和田中学校の校長になってからは、「人権問題」のテーマのたびに、ゲストに来てもらいました。愛さんが泣きながら中学時代に遭ったイジメの話をすると、普段は教師の話を聞かないヤンチャ系の生徒たちも黙って耳を傾けます。

私はその間、愛さんが三軒茶屋《さんげんぢゃや》に開いたバーに飲みに行ったり、桜新町《さくらしんまち》のお好み焼き屋を訪れたりしていました。

ところが、急にブレイクして時の人となり、「24時間テレビ」でチャリティーランナーに選ばれ……。こうなると、国民的アイドルですから、声をかけるのを遠慮するようになります。

でも、2018年2月、一条高校の校長任期の終了間際、最後の「よのなか科」授業で人権問題を取り上げるにあたって、教師たちの強い希望もあり、声をかけてみました。

すると……飛んできてくれたのです。

タクシーが玄関に着いた時の生徒の熱狂たるや、すさまじいものがありました。

講演では、かつて思い詰めて歩道橋の外側に立ち、あのトラックが来たら飛び込もうと決めた直後、母親のことが浮かび思い留まったことなどを赤裸々に語ってくれました。1000人の生徒たちは静まり返り、終わった時には万雷の拍手。奇跡の授業でした。

講演を終えた愛さんは、私がいる校長室に来ると、隈研吾さん設計の講堂の模型を見て「これ、なあに？」と聞いてきます。

私は、今日講演してもらった講堂を建て替えること、その寄付を募っていることを伝えました。さらに、私のアイデアで新しく設置する椅子に1個ずつネーミングライツを付与することも。5万円以上の寄付で、椅子の裏側に金のプレートで寄付者の名を刻むのです。

「それ、まだ募集開始してないんでしょ。じゃあ、私が第1号で寄付するわ」

愛さんは、そう言って5万円を差し出しました。

一条高校の講堂・最前列中央の椅子の裏には、今も「はるな愛」と刻まれています。愛さんはタイのコンテスト「ミスインターナショナルクイーン2009」で優勝するくらいの美形ですが、侠気《おとこぎ》もあるのです。

(4) 江副浩正さん

リクルートの創業者・江副浩正さんとの最初の遭遇は、私の就活の役員面接でした。アルバイト時代にもお会いしていましたが、本格的に向き合ったのはこの時がはじめて。入社後のかかわりについては『リクルートという奇跡』（文春文庫）に詳しく書きましたので、ここでは、なぜ私が教育改革実践家という独自の肩書で仕事をしているか、その動機についてお話ししましょう。

私には、江副さんへのコンプレックスがありました。

入社した1978年から1988年まで、それは江副さんがもっとも輝いていた時代です。具体的には、就職情報以外にも住宅情報をビジネス化し、1985年の通信の自由化で情報ネットワーク事業に乗り出します。いっぽうで不動産業に傾注してリクルート事件が起こるまで。その間、私は江副さんの近くで仕事をさせてもらいました。

なぜ私が学校教育の改革にこだわり、取り組むのか。

それは、江副浩正という稀有《けう》な起業家を、どこかで超えたいとの思いがあるからです。日本における公教育の改革は、これをしなければ日本が先に進まない重要課題です。

しかし、もし江副さんが健在だったとしても、事業としては取り組まないだろうとの確信があります。なぜなら、教育は改革する相手、つまり戦う相手がはっきりしない、鵺《ぬえ》のようなものだからです。「就職の情報が偏在している」「住宅の情報が一部業者に握られて消費者は合理的な選択ができない」といった課題とは明らかに違うのです。

江副さんとは、よく社長室があるフロアで立ち話をしました。

彼は行動の人です。良いと思ったら即動く。

行動の早さは、今に至るリクルートの信条でもあります。それでも、就職や住宅や旅行などの情報誌が定着するのに20年かかりました。

江副さんは「どんなマーケットでも、普通の人の習慣を変えるのには20〜30年かかるんだよね」と言っていました。

私が和田中学校の民間校長に就任し、教育界に飛び込んでから20年経ちましたが、学校教育は旧態依然としていて、びくともしないように見えます。

それでも、20年目に私が書いた『学校がウソくさい』（朝日新書）に刺激され、改革を行おうとする自治体も出てきました。山梨県（長崎幸太郎《ながさきこうたろう》知事／降籏友宏《ふりはたともひろ》教育長）です。

私立学校でも、「よのなか科」を真っ先に導入した品川女子学院（漆《うるし》紫穂子《しほこ》理事長／神《かみ》谷《たに》岳《たけし》校長）は２０２４年４月から、生徒のスマホを１００％生かすことによってアクティブ・ラーニングを進化させる道を拓《ひら》こうとしています。

私の闘いは、47歳の春から始まりました。

あと10年で学校教育に対する先生と保護者の意識が変われば、その時私は78歳。江副さんが手をつけなかったことを成し遂げれば、仕事人生の一区切りになるでしょう。

「自ら機会を創り出し、機会によって自らを変えよ」なのです。「機会」という言葉を、「環境」と「経験」に替えても通じます。「自ら環境を創り出し、そこでの経験によって自らを変えよ」というふうにです。

もう気づいたかもしれませんね。

これは、「自ら場所を取り、そのポジショニングから得られる経験で自らを変えよ」という本書のメッセージと同義じゃないか、と。

なんだ、結局、江副さんが生み出したリクルート精神に呪縛されちゃってるじゃないか、と笑われそうですが。

⑸平林良仁さん

第3章で触れた平林良仁さんは、ここまで挙げた4人に比べて、知名度は低いかもしれません。しかし実は、富士山の世界遺産登録を実現した立役者です。ただ、メディアにはあまり出ないため、知る人ぞ知る存在です。

平林さんは1948年2月23日（富士山《ふじさん》の日）に生まれ、経営コンサルタント船井幸雄《ふないゆきお》さんの知己を得て、船井財産コンサルタンツを創業。上場を成し遂げます。その後、飲食店「うかい亭」のオーナーに請《こ》われて経営に携わり、唯一の赤字部門だった「オルゴール美術館」（現・河口湖 音楽と森の美術館）を分離して引き受けました。

現在は山梨県知事のブレーンとして「富士山登山鉄道計画」を推進すると共に、河口湖周辺を軽井沢とは一味違った大人のリゾートにするべく奔走しています。

宿泊予約サイト「ブッキング・ドットコム」が発表した「2024年『世界で最も居心地の良い都市』10選」では、富士河口湖《ふじかわぐちこ》町が10位にランクイン。世界3億人の旅行者の口コミ評価で、京都や奈良、熱海や箱根《はこね》を抑えて受賞しました。

私が平林さんと出会ったのは、2021年のこと。「河口湖 音楽と森の美術館」で、平林さんから直接「富士山登山鉄道計画」の話を聞いた私は、即座に応援団長を名乗り出ます。すばらしい計画だと直感したからです。平林さんは、建築家・隈研吾さんにこの計画を相談するため、翌週にアポを取っていました。私はその場で隈さんに電話すると、私からも協力をお願いしました。

富士山の五合目には駐車場があり、レストラン、土産物店、登山用具を貸すレンタルショップが軒《のき》を連ねています。でも、ここには、なんと電気が通っていません。ガソリンで発電しているのです。そのため、鼻の良い人にはその臭《にお》いがわかります。さらに、上下水道も通っていません。浄化槽を通していますが、垂れ流し状態です。

世界の一流の観光地に、このような場所があるでしょうか。

また、登山道でシュラフで仮眠を取る人、焚《た》き火《び》をして暖《だん》を取ろうとする人（国立公園内では焚き火は禁止）、軽装で来て足を挫《くじ》いて診療所に担ぎ込まれる人……などなど、マナー違反の登山者も少なくありません。

これではいくら富士山を愛し守ろうとする山小屋の人々ががんばっても、汚れるばかりです。このままでは世界遺産の登録が抹消されるのではないかと危惧されてもいます。

こうして立ち上がったのが、「富士山登山鉄道計画」です。

富士スバルラインの上に鉄道の線路を敷き、ＬＲＴ（＝Light Rail Transit。次世代型路面電車）を走らせます。マイカーの通行は制限しますが、緊急車両や工事車両は通れます。これによって富士山への環境負荷を減らすと同時に、富士山が、日本全体で取り組まなければいけないCO_2削減の象徴的存在にもなるでしょう。

スイスのユングフラウでは１００年以上前に鉄道を敷き、標高３５７１ｍのスフィンクス展望台に電気と上下水道を通しています。

日本でも、立山黒部《たてやまくろべ》アルペーンルートや上高地《かみこうち》などではマイカーを規制、観光客はトロリーバス、ロープウェイ、ケーブルカーを乗り継いで登ります。その運賃が「ちょっと高いかな」と思っても、現地できちんとゴミが処理され、自然が保全されている様《さま》を見ると、ほとんどの人が納得します。

平林さんはさらに「河口湖アーティスト・イン・レジデンス」計画も進めています。

これは、河口湖周辺にアーティストやアスリートを支援できる富裕層を呼び込み、一味《ひとあじ》違った大人のリゾート地にする計画で、私も応援しています。

平林さんは十数年前、アメリカ・ミズーリ州のブランソンを訪れました。そこは森と湖に囲まれ、成功したアーティストたちが晩年を過ごしており、彼らの住居には小さなホールや個人劇場が併設されて、ミニコンサートなどが開催されていたそうです。

ここに着想を得た平林さんは、河口湖畔に文化やスポーツコンテンツによる高付加価値コミュニティ・ヴィレッジを作ろうと思い立ちます。

具体的には、音楽スタジオつきレジデンス、アトリエつきレジデンス、図書館つきレジデンス、フットサル場つきレジデンス、美容クリニックつきレジデンス、ダンスホールつきレジデンス、大学のミニ講義室つきレジデンス……などなど。30種類くらいできれば、海外の富裕層も集う一流のコミュニティになるでしょう。

なぜ軽井沢ではないのか。

これも「場所取り」の妙です。そこに希少性があるからです。

第3章で述べたように、私は現在、来《きた》る70代のために河口湖で「場所取り」を始動させました。そのきっかけを作ってくれたのが、平林さんとの出会いなのです。

10個の奇跡を書き出そう

いかがでしたか。人との偶然の出会いが運を呼び込み、さらなるモノ、コト、ヒトとの縁が生まれたことがおわかりいただけたと思います。

あなたも自分の人生を振り返ると、偶然による幸運、説明のつかない奇跡のような出会いや体験があったはずです。それは大小を問わなければ、10個くらい挙げられるんじゃないでしょうか。

であれば、あなたは運が良い人です。

「自分は運がいいんだ」と思い込んでください。そうすることで、さらに運が良くなることは前述した通りです。

まずは、10個の100万分の1体験を思い出しましょう。

そして、奇跡のような出会いを書き出すことで、あなたの脳に運を引き寄せる回路ができる。すると、ここからの人生はますます運が開かれる……。そう、信じてしまいましょう。

GOOD LUCK！

第6章

50歳からの「定年のない生き方」

ここからは人生の後半、50歳からの生き方を見ていきます。

私は講演などで、45歳から55歳までに組織に頼るモードを変換しないと人生後半のイニシアティブは取れない、と警告しています。目指すのは「定年のない生き方」です。人生の賞味期限をいかにして延ばすか。

今持っているスキルのなかで組織の外で通用する力、つまりマーケットバリューのあるスキルは何かを考え、それをビジネス化しましょう。思い切って転職するのもいいですし、副業や週末起業もいい。とはいえ、改めてオフィスを構えたり、人を雇ったりする必要はありません。もっと簡単な方法があります。

その際に重要になるのは、やはり希少性です。本章ではあなたの希少性を高め、組織にも年齢にも左右されない生き方についてお話しします。

屋台を引こう

前章で紹介した平林良仁さんが経営に携わった「うかい亭」は、焼き鳥の屋台から始まったそうです。

「屋台」と言うと、焼き鳥、ラーメン、おでんなどを想像するかもしれませんが、メロンパンを作った数だけ販売するスタイルもあれば、鍼灸《しんきゅう》も施術する出前マッサージのようなサービスもある。

つまり、個人事業主と捉《とら》えることができます。

個人事業主になったり、会社を作ったりするのに、必ずしもオフィスや店舗はいらないでしょう。


私は、40歳でフェローという道を選びました。フリーランスになったわけです。しかし、新たにオフィスを構えたわけではありません。自宅に身を置き、自分のパソコンを使って仕事を始めました。

都内一等地にオフィスを構え、秘書を雇ったらかっこいいなあと夢想しましたが、年間1000万円単位の固定費がかかります。それなら、Webを充実させたほうが営業上も得だと考えました。ちょっとしたミーティングなら自宅から30分以内で行ける渋谷のカフェを使えばいいし、会議なら相手先にお邪魔すればいい。

従業員ゼロ、オフィス/店舗なし、工場のような設備投資なし……。個人事業なら、このようにミニマムにスタートするのが理想です。

「定年のない生き方」で大事なことは、現在所属している組織の外でお金を稼ぐこと。まずは個人事業主を目指しましょう。始めるのは、30代でも40代でも50代でも60代でもかまいません。

大事なことは、「屋台」を引く感覚で、1人社長兼従業員のスモールビジネスから始めること。あくまでも1人で起業し、個人事業主としてやっていくことを前提にするのです。これなら定年もありませんし、定年後も世の中とつながることができます。

人生は特殊なマラソン

人生をマラソンに喩える人は少なくありません。

しかし、ルールが特殊であることを認識する必要があります。

まず、スタート地点に1世代70万～200万人もいます。しかも、スタートのピストルが鳴らない。任意スタートです。

沿道には観客がいますが、どう応援しても自由なんです。拍手をしてもいいし、掛け声をかけてもいい。近寄って水を飲ませてもいいし、弁当を差し入れてもいい。伴走したっていい。ちなみに、観客とは一般の人たちです。

さらに、ランナーはどの道を走って、どこを目指すのかも自由。コースは1本だけではなく、さまざまな道がある。

これが、人生というマラソンのルールです。

このマラソンには1つだけ、わかりやすいコツがあります。

ピストルが鳴りませんから、先に出たほうが目立ちます。さらに、道が決まっていないので、「この道かなあ」と走り出した人が注目を浴びて応援が集中します。最初に走り出てきた人に、もっとも多くの拍手が集まるのです。

言い換えれば、最初の人に社会全体のエネルギーが集まりやすい。

そのままゴールできるかはわかりませんが、ものすごい応援を受けます。応援のエネルギーを集めたほうが明らかに有利ですよね。

先行して行動することがいかに大事か。つまり、第1号は常にオイシイのです。

前述したように、私は、東京都で初の義務教育分野の民間校長になりました。

これが2人目や3人目だったら、あれほど注目されたり、名前を覚えてもらえたりしなかったでしょう。第1号だったから、谷川俊太郎さんやノーベル賞を受賞したばかりの小柴昌俊先生が応援に駆けつけてくれたのです。

日本人初の○○、世界初の○○は話題をさらいます。しかし、第2号はそうはならない。例をいくつか挙げてみます。

日本初のファストフード店：1970年「ドムドムバーガー」（東京都町田《まちだ》市）
日本初の100円ショップ：1985年「100円ショップ」（愛知県春日井《かすがい》市）
世界初のスマートフォン：1994年「IBM・Simon」（アメリカ）
世界初のハイブリッド車：1997年「トヨタ・プリウス」（日本）
世界初のプロ棋士を負かしたAI／2013年「ポナンザ」（日本）

世界初、日本初でなくても、サンフランシスコ初の寿司店、街で最初のフィットネスジムなどでも十分話題になります。創業者利益を得られるのです。

オンラインで私塾を立ち上げる

第１号は創業者利益を得られる。

このことは、あなたが「事業を行う個人／フリーランス」として引く「屋台」を考える際に、重要な要素になります。

具体的に挙げてみましょう。

ある分野で第１号の研修講師
ある分野で第１号の書籍の著者
ある分野で第１号のセラピスト
ある分野で第１号のアドバイザー／コンサルタント
ある分野で第１号のアーティスト

たとえば、研修講師なら、研修講師／講演の紹介企業ペルソンのホームページを見ると、どの分野にどのような講師が存在するか、相場観が得られます。

講師業は時給がもっとも高い職業の１つです。とはいえ、１回の謝礼には次のようなランクがあります。

３万～５万円のお車代講師
10万円前後のお布施《ふせ》がいただける講師（お経を上げる僧侶を含む）
20万～30万円の大学の客員教授級講師
50万円を取れるレア分野のプレゼン能力が高い講師
１００万円いただけるタレント

これより上にはハーバード大学有名教授、アメリカ大統領経験者などが存在します。
ちなみに、１時間50万円稼げる講演の見本を示せば、このようになります。

この差を作っているのはもうおわかりですね、希少性です。
私は、前述のペルソナに登録されている８０００人の講師のなかで依頼数がベスト３になったことがありますし、次のように講演動画のYouTubeで再生回数が多いものもあります（もっとも、いくら視聴数が伸びても、私には1銭も入ってこないのですが）。

「たった一度の人生を変える勉強をしよう」３６０万回超再生
「10年後、君に仕事はあるのか？」１８０万回超再生

これは、私が「日本初」を含め、希少性を獲得しているからです。

ですから、あなたが何かの分野で第1号の称号を得ているなら、それを活かしましょう。

難しく考える必要はありません。何か尖《とが》ったスキルがあれば、オンラインで私塾や寺子屋を立ち上げ、その分野で「先生！」と呼ばれることを目指すのです。

知識や技術分野で「先生！」と呼ばれることは、マスターしていることを意味します。

そして、それを事業に還元するのです。

私が注目する5＋3分野

希少性をアピールするには、すでに「プロ」としてのスキルを獲得している能力・技術

が最適ですが、これから1万時間を投じて獲得しようとしているなら、私が注目している分野を挙げておきますので、参考にしてください。

5つの技術と、3つの課題です。

①情報技術
②環境技術
③エネルギー技術
④遺伝子（DNA）技術
⑤食料自給技術

Ⓐ教育
Ⓑ介護を中心とした医療
Ⓒ住宅＋地方自治

これらはいずれも、今後、日本の成熟社会で求められるものばかりです。

このなかから、自分が興味を感じること、できそうなことを見つけてみてはいかがでしょうか。

ただし、そのために必要となるのは、くどいようですが、1万時間を投じることです。これは20代でも、30代でも、40代でも、50代でも変わりません。

そうなると、家庭でも職場でも相応の立場にある50代以降の方々にとっては、2つのリストラが必要になります。

時間の使い方を変える

50代以降に必要なリストラ、それは時間とお金です。というよりも、時間とお金に対する考え方を変えましょう。

まずは時間について説明します。

「忙しくて時間がない」。50代以降の人がよく言うセリフです。「忙しい」ことは認めます。しかし「時間がない」は認めません。

私は第2章でSSK、すなわち「接待（Settai）」「査定（Satei）」「会議（Kaigi）」に費やす時間を極小にすべし、と述べました。これらに時間を取られていたら、自分の希少価値を高めるための時間を作れないからです。「時間がない」と言う人は、ＳＳＫを含め、時間のリストラができていない。

だから無駄な時間を省《はぶ》き、できるだけ1万時間を確保しましょう。

そのためには、時間をお金で買ってもいい。「そんなことができるのか」と思ったあなた、わかりやすい例を１つ挙げましょう。

私は和田中学校の校長時代、朝はバスで通勤しましたが、帰りが遅くなる時には、タクシーを利用していました。自宅までは１２００円くらい。もちろん、教育委員会は交通費としてバス代しか認めていませんから、自腹です。

「通勤にタクシーなんて」と思われるかもしれませんが、理由があります。夜はバスの運行間隔が空いて、待ち時間が長いのです。もちろんバスに乗れば安く済みますが、それには時間という犠牲を伴います。私は、その犠牲は見合わないと判断しました。

この発想のベースになったのが、自分の時給です。タクシーで帰れば、1日の貴重な時間のうち30分をセーブできる。１２００円なら、むしろ安いくらいだったのです。

「忙しくて時間がない」と言う人は、時間に対する意識が低いのです。どんな人間でも1日は24時間しかありません。どうすれば時間を作れるか。

そのためには、もっとアウトソースしましょう。お金を使ってプロに委ねるのです。たとえば、家の掃除などを家事代行サービス業者に任せてみてはどうでしょう。はたして自分の時給で掃除をして割に合うか、それよりもその時間を、自分がプロになる時間に使うほうが有効ではないか。そう考えるのです。時間にゆとりがある人は「時間を買う」ことを遠慮なくしています。

くれぐれも、睡眠時間を削ることはやめましょう。

お金の使い方を変える

続いて、お金について説明します。

50歳を過ぎたら、そもそもお金とは何か、について考えを巡らせましょう。そうでないと、次章で説明する60歳から必要となるお金について、なんの準備もできずに、60歳を迎えることになるからです。

はたして、お金は生活するためのもの？　贅沢《ぜいたく》するためのもの？　心に安心を与えてくれるもの？

私は、お金の使い方にその人の人生が表れる、と考えています。

お金は手段であって、お金が人生を豊かにしてくれるわけではない。なかにはお金が貯まることのみに快楽を感じる人もいるようですが。お金をちゃんと使って、人生を豊かにしていきましょう。

私たちは、100円単位、1000円単位の使い方には慣れています。チラシやネットに目を凝《こ》らし、楽しみながら購入すれば、それなりの満足感が得られます。

いっぽう、100万円とか、1000万円単位の買い物には慎重になります。ましてやマンションなど不動産を買う場合は念には念を入れ、決断までに時間をかけます。その間にいくつもの条件を考慮するので、「買った途端に大失敗！」といったことは滅多《めった》にありません。

問題は、1万～100万円のお金の使い方です。

家庭でも学校でも会社でも、これについては教わりません。そのため、買えるか・買えないかの選択になりやすい。つまり、「どう買うか？」「どのようにこのお金を使うか？」という高次の思考に至らないまま、大人になる人が多いのです。

このレンジのお金の使い方を鍛えることで、あなたの個性は磨かれます。

私はある時、このレンジのお金の使い方を決めました。

それは、「人との絆《きずな》を結ぶ物語にだけ、お金を使う」こと。

現代社会には情報が溢れています。個人と個人がＬＩＮＥなどのＳＮＳで直接つながり、ニュースのランキングは刻一刻と入れ替わります。そんな絶え間ない消耗戦に加わることなく、自分なりの物語を生み出すことに専念する。人との絆を結ぶ物語にだけ、お金を使うことにしたのです。

これは、「自分の希少性が上がる」お金の使い方でもあります。

具体的な方法として、３つあります。

(1)プロを買う

１つ目は「プロを買う」こと。

これは、プロフェッショナルを味方につける、という意味です。

たとえば、自分の考えをブログにUPすれば、立派な情報発信になります。しかし、その先にもう1歩できることがあります。たとえば、本の出版です。


ここで多くの人がしているのは、お金を払って自費出版サービス業者や製本業者に依頼すること。

しかし、私のおすすめは「プロを買う」こと。プロの編集者に自分の文章を読んでもらい、プロのデザイナーに装丁や中身のエディトリアルデザインをしてもらうのです。いずれも、それなりの金額がかかります。もったいないと思うかもしれませんが、これをしないほうがもったいない。

なぜなら、クオリティが圧倒的に高まるからです。

編集者は問答無用に「面白くない」と言ってくれますし、そのアドバイスや手入れで文章が輝きを放つようになります。著者写真も重要です。プロの手にかかれば、表情が違います。装丁も、作品の特徴を活かしたオリジナルなものになります。

しかも、編集者、カメラマン、デザイナーに有償で依頼すれば、その人との絆ができ、物語が生まれるのです。

アマチュアとプロの差がどこにあるかがわかるでしょう。その差と結果を買いましょう。そうして生み出された作品は、あなたの希少性につながります。

(2)アバターを買う

２つ目は「アバターを買う」こと。

これは、自分にできないことしてくれる人を支援することです。「アバター」とは、自分の代わりに行動してくれる人。アバターをたくさん育てることで、その人たちが戦っている場に、自分も間接的に参戦できます。言わば「代理戦争」を通じて、社会貢献できるのです。

誤解しないでほしいのですが、寄付ではありません。

漠然と知らない団体に寄付するのではなく、その活動のあり方をきちんと把握した上で、その人や団体を支援するのです。そうすることで、納得感が得られます。

アバターという言葉を選んだのは、そこに「分身」というニュアンスが含まれるからです。子分ではなく、あくまでも自分自身の分身。「孫悟空《そんごくう》の分身の術」のイメージですね。自分もやりたいけれど、時間と空間の制約でできない。だから、そのパワーのある若者をお金と志の両面で支援して、やってもらうのです。

アバターとあなたの間に、物語が生まれていきます。

私はアバターを買うことで、これまでさまざまな代理戦争をしてきました。たとえば、東日本大震災後、立花貴《たちばなたかし》さん（MORIUMIUS代表理事）を支援しました。

元商社マンの立花さんは仙台《せんだい》市出身で、震災では母親と妹さんが被災しました。立花さんは震災後、東京から石巻《いしのまき》市に住民票を移すと、本気で復興支援に取り組みます。さらに、漁業プロジェクトのために船舶の免許を取り、漁師にもなりました。中学生の学習サポート、養殖事業の復興、600年続く無形文化財である雄勝法印神楽《おがつほういんかぐら》の復活……1つ1つ地道に進めていくプロセスに私は共感し、尊敬の念を抱きました。

そして、パートナーシップを組み、立花さんの団体を継続的に支援したのです。

こうすることで、私は立花さんというアバターと協業できるようになり、震災復興を自《じ》分事《ぶんごと》として体験できました。

アバターづくりは、「究極の掛け算の術」でもあります。

自分の希少性を高めながら、社会との交わりを広げていける手段なのです。

(3) コミュニティを買う

3つ目は「コミュニティ」を買うこと。

コミュニティづくりにお金をかけるという意味ですが、50歳以降の人生でもっとも有意義なお金の使い方です。

コミュニティを作れない人は寂しい人生を送ります。お金がいくらあっても、です。


昭和から平成、そして令和となり、家族は「集団」とは呼べないものになりました。核家族化と少子化が進み、おひとりさまの独居世帯も増えています。

また、成熟社会においては、家族ひとりひとりが個人化します。一緒にリビングで過ごしても、それぞれがやっていることがバラバラという家庭も少なくないようです。

会社のコミュニティも衰退しました。

終身雇用が幻想化し、非正規雇用が状態化すると、人間関係は一気に希薄になります。個人情報保護の観点から住所録はなくなり、年賀状のやりとりがなくなりました。同僚との会話や上司への報告はメールになり、偶発的に飲みに行くことも減ってきた。オフィス近くの店に行くだけでも、事前に予定をすり合わさねばならなくなったのです。

人間は社会的動物であり、1人では生きられません。自分を受け入れてもらえる居場所、できれば本音で話せて悩んだり喜んだりできる濃密な関係性を持つ必要がある。だから、家族という基盤とは別に、いくつかの分野の「社会的な中間集団」としてのコミュニティに所属しましょう。

そうすれば、自分の使命や役割を見出すことができます。

誰かに、何かに、貢献する。それが明日への生きがいになることは、経験したことのある人ならば、わかるでしょう。そこに物語も生まれます。

コミュニティは趣味でもスポーツでもボランティアでもかまいません。自分のキャラクターを受け入れてくれる人との絆を作るために、お金を使いましょう。

自分を安売りしてみる

50歳以降に転職や新たなビジネスを始める時、ネックになるものがあります。

それは、収入です。

日本では未だ年功序列型の賃金体系を取っている会社が大半で、50歳ともなれば、それなりの収入を得ています。そのため、会社をやめると収入が減るので、なかなか踏ん切りがつかない。しかし、組織の外に出たら急に収入が減るということは、それが今のあなたのマーケットバリューなのです。

ここは、思い切って自分を安売りする勇気を持ちましょう。

安売りしなければならないということは、それだけ今の自分に有利な場から離れたところ（これまでの自分のスキルが活かせないところ）に転じること。つまりは、思い切った選択となり、キャリアの掛け算のサプライズが実現できる場合が多いと思います。

むしろ、「キャリアの大三角形」の面積を大きくするチャンスなのです。

私が和田中学校の校長になった時、年収は3分の1になりました。そうなることはわかっていましたし、納得していた。収入が激減しても、私はそれまでのキャリアの延長にはない仕事を取りに行ったのです。

あえて自分を安売りしたわけです。

転職するのに年収が激減するなんて、と思われるかもしれません。激増はともかく、激減はどうも……。

私はリクルートという民間企業でマネジメントをマスターしましたが、その武器が公教育や学校運営に通用するかどうか、見当がつきませんでした。未知の世界に行くわけですから、自分のための「研修費」は自前で持つべきだ、と考えました。

そう、私は新たな1万時間をここで取りにいったのです。研修費を払ってでも、実地訓練をさせてもらおうと。


逆に、自分を高く売ろうとすると希少性が失われやすい。なぜなら、それは誰でも選択することだからです。

希少性を高めるためのチャンスを摑むには、「安売り」が功を奏するというわけです。

私は今でもこれを貫《つらぬ》いています。企業や組織向けの講師はしっかりお金をいただきますが、先にも触れたように、中学・高校の授業や大学の講義ではいただいていません。無償です。私の一丁目一番地は公教育改革だからです。

やりたい仕事、経験したいことは、自分を安売りして取りに行く。無償でも駆けつける。

やりたい仕事や覚えたいスキルであれば、むしろお金を払ってでも参加する。

これが、未知のスキルを身につける近道になります。

初体験は、お金の多寡に勝《まさ》るのです。有料で稼ぐ場所と、無報酬で貢献する場所を分けましょう。

自分を解き放つ

50歳を過ぎると、新たな世界に踏み出すことを躊躇《ちゅうちょ》する人が増えます。その理由は前項で触れた収入面だけでなく、自己の能力への懐疑があるようです。

自分は希少な人材になれるのだろうか？　転職してうまくいくだろうか？　個人事業主になれるだろうか？　ましてや起業するなんて……。自分はそのような人間ではない。自分には向いていない。

はたして、本当にそうでしょうか。

「自分探し」という言葉があります。「本当の自分」というものがどこかにあって、それは変化することがない。だから、旅に出たりすれば、見つかるのではないかと考える。

しかし、これは無理な考え方です。

図13に示すように、あなたの周りにはさまざまな人がいて、さまざまな環境や状況がありますが、それらの集合体こそ、あなたなのです。

実際、あなたはこれまで、環境の変化や他者との出会いで自分が変化したことはないでしょうか。意外に、あっさり変わったりしていませんか。

つまり、個体のように固定化された自分などない。人間は他者や環境によって変化していくものなのです。

友人と接している時の自分も、父母と接している時の自分も、会社の上司と接している時の自分も、すべて自分です。ただ、それらに接する際の人格はそれぞれ違ったりします。しかし、それもひっくるめて自分なのです。

このように、自分という人間をさまざまな干渉作用の集合体、言ってみれば「自分ネットワーク」と考えてみませんか。

いろいろなところに自分のかけらがあり、それらが混ざり合って、自分はできている。

図13 自分とは

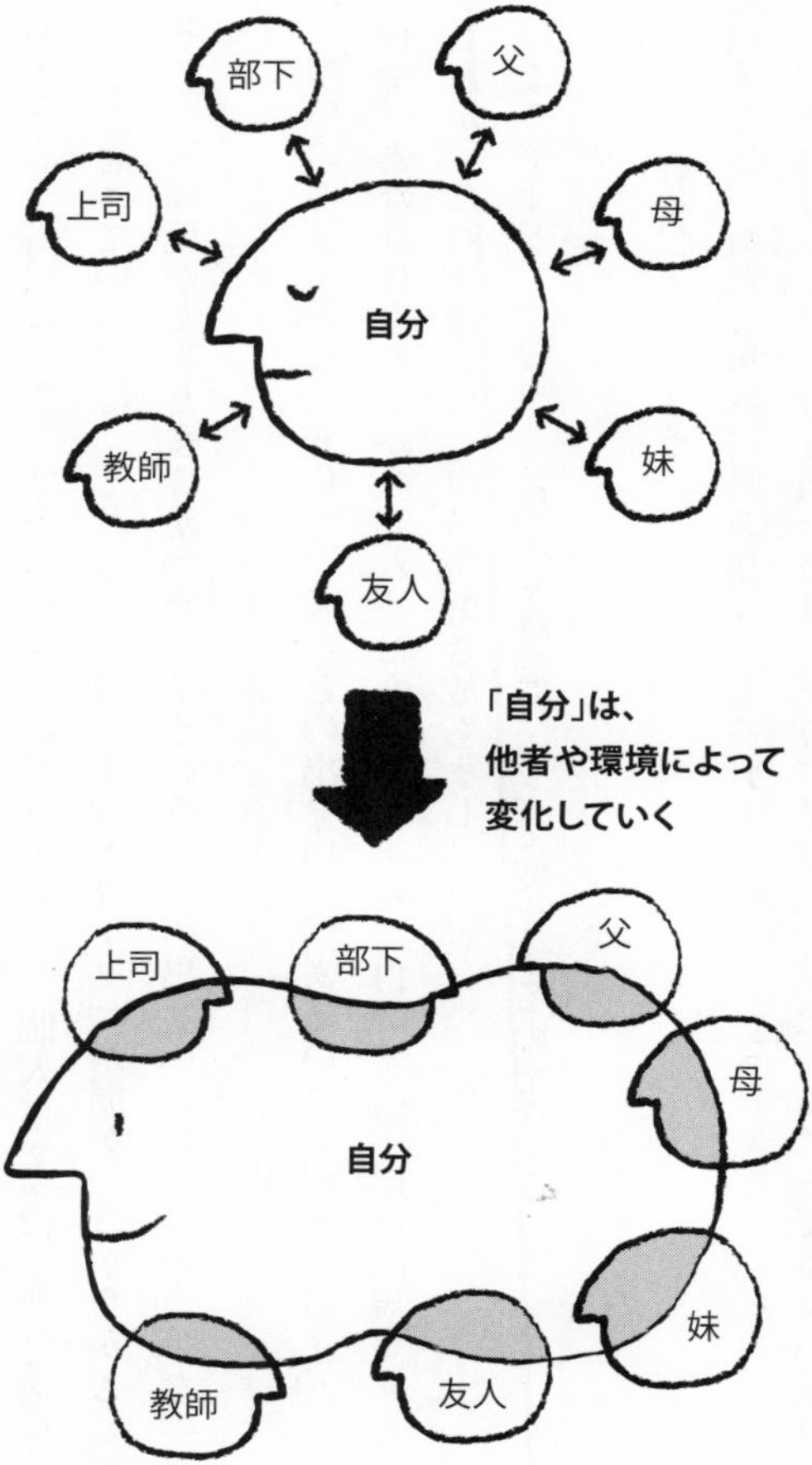

そう考えるのです。

もしかすると、自分は希少な人材になれるだろうか？　個人事業主になれるだろうか？　……と思っているのは、それまで「自分ネットワーク」が弱かったからかもしれません。そういう環境がたまたまなかった、そういう人との出会いがなかっただけなのかもしれない。

逆に、環境のちょっとした変化で、誰かとの出会いで、あるいはこの本を読んだことがきっかけで、あなたは変わるかもしれません。そろそろ、自分で勝手に自己規定するのをやめませんか。これを機会に、自分を解き放ちましょう。

くどいようですが、「自分」は環境や経験によって変化するのですから。

自分のなかの「狂気」を育てよう

50歳以降でも、新たな世界に踏み出すことを厭《いと》わない。

ただし、それは闇雲《やみくも》に、行き当たりばったりに飛び込む、ということではありません。

「定年のない生き方」をするために、きちんと戦略的に考えましょう。

考慮すべきは、やはり「希少性」であり、掛け合わせの妙であり、三角錐の体積を大きくすることです。何より、思い切ったサプライズを掛け算に加えられると、周囲からエネルギーが集まります。周囲のエネルギーを集められれば、成功確率は高まります。

そのためには、次の条件を意識してください。

・社会的なニーズがあること
・共通の目的（錦《にしき》の御旗《みはた》）があること

「3歩目」に中学校の校長を選んだ私の例で言えば、前者は「教育改革」「学力向上」、後者は「公教育の劣化を防ぐこと」「それをコミュニティの大人の参加で実現すること」になります。社会的な空気をふんだんに取り込み、そこに挑むのです。

社会的意義のある分野で、不利な勝負をしている人を見ると、世の中は放っておきません。助けてくれる人が多くなり、成功確率が高くなります。

だから、社会的意義のある分野で、あえて不利な勝負を仕掛けてみるのも手です。そこで自分が持っている武器をどう活かせるか、考えるのです。

さて、今後数年間でスマホは50億台くらい普及し、世界人口の半分がつながってしまう世の中が到来します。

そうなると、スマホのネットワークがマスメディア化して、みんなの価値観やライフスタイルが似通っていくことが予想されます。口ではみんな「個性が重要」「多様化」「ダイバーシティ」などと言っているのに、どんどん似通ってきてしまうのです。

私は、これを「中心化」現象と呼んでいます。今でもみんなが同じランキングを見て、同じ店に並んだりしてるでしょう。

では、どうすればいいか。

私の結論は、自分のなかの「狂気」を育てること。

生成ＡＩでも予測不可能な、自らの内なる狂気を育て、自分のなかに革命を起こす。それくらい思い切ったことが必要な時代が来ていると思うのです。

第7章

60歳からの〝本当の〟お金の話

本書の最後に、60歳からのお金の話をします。

すなわち、60歳から死ぬまでにいくら必要なのか。いくらあれば豊かに暮らせるのか。逆に、最低どれだけあれば、子や孫に迷惑をかけないで死ねるのか。

定年が65歳に延長されたとしても、その後20～30年間、人生は続きます。しかも、組織の庇護はありません。ですから、あなたが受け取る年金や収入と、必要経費（住居費や食費だけではありません）のバランスを確かめ、大きなギャップがあれば、自衛手段を講じなければならない。

本章では、本当に必要なのはどれくらいか、そのために何をすべきかを解説します。

「老後2000万円問題」の真実

2019年6月、金融庁の金融審議会 市場ワーキング・グループの報告書「高齢社会における資産形成・管理」が発表され、大きな騒ぎとなりました。そのなかに、「老後の30年間で約2000万円が不足する」とあったからです。

いわゆる、「老後2000万円問題」です。

ところがその後、安倍晋三《あべしんぞう》首相（当時）は参議院決算委員会で、「不正確であり、誤解を与えるものだった」と釈明。「公的年金の信頼性は、より強固なものとなったと考えている」と説明しました。

つまり、年金で十分やっていける、と言ったわけです。

しかし、私のシミュレーションでは足りないことが明らかです（のちほど詳しく説明します）。

そもそも、男性は1961年、女性は1966年生まれより（共に4月2日生まれ以降）、厚生年金・国民年金共に65歳からの受給となります。つまり、60歳で定年となって雇用継続がない場合、〝空白の5年間〟を過ごさねばならないのです。

この前提のもと、以下を読み進めてください。

60歳からの人生を、タイプ別に分類すると……

お金の話に入る前に、60歳からの人生を幸福に生きるため、読者のみなさんをタイプ別に概観します。それが図14（249ページ）です。

この図のどこに位置するかで、人生のあり方、お金のかかり方が変わってきます。

縦軸は、60歳以降の経済的な状況です。

あなたは十分な資産を持っていたり、十分な収入を保障された仕事をしているのか。それとも、資産を持たず、現役を引退して仕事からの収入はないのか。その2択です。

上が経済的ＲＩＣＨ、下が同ＰＯＯＲ。

経済的ＲＩＣＨのなかでも、アパートなど不動産資産から賃料が入ったり、安定した株の配当が期待できるのであれば、60歳以降のお金の心配は不要かもしれません。

また、医師、弁護士、税理士などの資格を持って仕事をする人のなかには、70代、80代どころか90代になっても現役を続け、十分な収入を得ている人もいます。こうした仕事では、経験の蓄積が有効だからでしょう。

いっぽう、現役を引退して収入の道がなく、しかも株などの資産を持たず、公的年金オンリーの生活者は、金銭的には厳しい生活を強《し》いられるかもしれません。

横軸は、世帯構成です。

中央が夫婦もしくはパートナーと暮らす2人世帯。その左側が独居世帯で、右側が同居していなくても、孫などがいる大家族です。

図14 幸福観のマトリクス

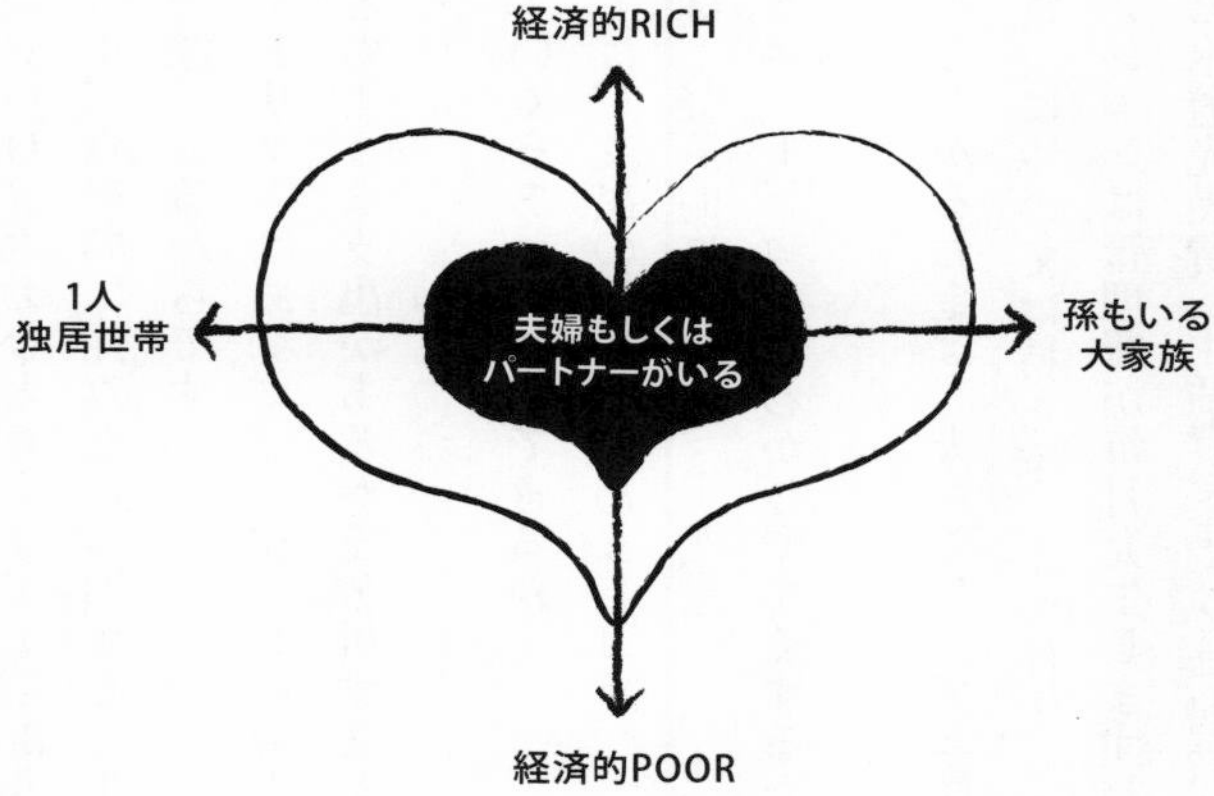

世帯構成を横軸に取ったのには理由があります。

1人（おひとりさま）と2人（夫婦もしくはパートナー世帯）と大家族では、お金のかかり方が違うからです。もちろん、年金（厚生年金・国民年金）を納めた人の数と、生活費がかかる人数は一致しません。

図14のマトリクスによって、幸福観のタイプは概《おおむ》ね4象限に分けられます。

右上の「経済的RICH×大家族」が幸福な勝ち組、左下の「経済的POOR×独居世帯」が不幸な負け組に見えるかもしれませんが、人間の幸福はそう簡単に決めつけることはできません。

経済的POORなおひとりさまでも、30年かけて人類が解明できていない研究に打ち込む研究者や、森や島に住みながら慎ましく生活する孤高の芸術家は、十分に幸福かもしれないと想像できるからです。

このマトリクスはあくまで、60歳からの人生を生きる人・世帯が、どのような収入が得られ、どのような支出があるかを分析するために描いたものですから。

支出——いくらあれば生活できるか

それでは、支出の話から始めましょう。

図15は、経済的に中位（ミドル、アッパーミドルクラス）の2人世帯をモデルにしています。シミュレーションをわかりやすくするためです。

60歳からかかるお金は、大きく分けて「住居費」「教育費」「生活費」の3つです。

「住居費」については持ち家、かつ住宅ローンが終了している前提にしました。それでも、マンションは管理費が毎月発生しますし、一戸建ても維持費・修繕費がかかります。管理費と水道光熱費（生活費ではなく住居費にカウント）を合わせて、月5万円程度として

図15 支出

2人世帯の家計費

1）住居費 ローンは終了して住む家はある前提で、管理費＋水道光熱費＝月5万円
＊賃貸住宅に住む場合、家賃を加える

2）教育費 子育て終了が前提で、ここでは算入しない

3）生活費

食費	6万円	医療費	2万円	月20万円
交際・娯楽費	4万円	税金	3万円	
交通・通信費（スマホ）	3万円	その他	2万円	

家計費合計1）＋2）＋3）＝月25万円

どこまで損益分岐点を下げられるか？

みました。賃貸住宅の場合は賃料をここに算入してください。

「教育費」は、子育ては終了している前提で算入しません。子供の大学や学校の事情によって、まだ支払いが続いている場合は、ここに算入してください。

あとは「生活費」がいくらかかるか。どの程度の生活水準を維持するかによってピンからキリまでありますが、ここではあくまでもモデルとして、2人で「食費」月額6万円（1人1日1000円）、「交際・娯楽費」4万円、「交通・通信費」3万円、「医療費」2万円、「税金」3万円、「その他」2万円と仮定し、月20万円としてみました。

したがって、「住居費」＋「教育費」＋「生

活費」＝25万円となります。

この金額を見て、あなたにはどう感じましたか。「高いなぁ。もっと節約できるのではないか」と感じたか、「いや、もっとかかるのではないか」と感じたか。さまざまでしょう。

新聞、テレビ、ネットでは、「標準」「平均値」が報道されますが、もはや「平均」は意味をなさないということを理解しておく必要があります。

ですから、ここに示したモデルを参考に、ご自身のケースで数字を割り出してください。

その際、大事なことは、納得できる生活を維持するには支出（月額25万円）をどこまで下げられるかを知っておくこと。

自分の生活の損益分岐点を知るためです。

「満足」ではなく「納得」という表現を使ったのは、満足とは一時の感情であり、瞬間的に満足しても、いずれ不満が募ることがありえるからです。

対して、納得は理性の働きであり、「月15万円の生活でも私たちは納得できる」とパー

図16 収入

2人世帯の年金収入

ケース1	夫婦（パートナー）共に自営業で国民年金のみ	月13万円前後
ケース2	サラリーパーソン（厚生年金）と専業主婦（夫）世帯	月22万円前後
ケース3	共働きで双方が厚生年金の場合	月30万円前後

家計費が月25万円だった場合

ケース1：13万−25万＝12万円赤字 → 年間144万円 赤字

ケース2：22万−25万＝3万円赤字 → 年間36万円 赤字

ケース3：30万−25万＝5万円黒字 → 年間60万円 黒字

トナーと合意しておけば、不慮の事故や急な入院などで経済的に苦しくなっても、生活を維持する決意ができます。

納得した上で、支出の限界点を探る。これを必ず行ってください。

収入——年金収入はどれくらいか

続いて、収入の話です。

図16は、あなたの収入（年金収入）の概算です。ただし、あくまで概算であり、1つの例ですから、日本年金機構から郵送されてくる「ねんきん定期便」などで必ず個別に調べてください。

ケース1は、夫婦共《とも》（もしくはパートナー同士）自営業で、国民年金のみ加入の場合です。年金収入は月13万円前後になります（２０２４年3月時点、以下同じ）。

ケース2は、サラリーパーソン（厚生年金に加入）と専業主婦・夫（国民年金に加入）世帯の場合で、年金収入は月22万円前後です。

ケース3は、夫婦共働きで双方が厚生年金に加入の場合で、年金収入は月30万円前後です。

図16で算出した収入から、図15で算出した支出を引けば、世帯収支が計算できます。

ケース1では、年金収入13万円に対して、出費は25万円ですから、月12万円の赤字となります。年間の赤字額は１４４万円です。

平均寿命（男性81・05歳、女性87・09歳。厚生労働省「簡易生命表（令和4年）」）通りに生きるとすれば、男性の場合はあと21年間人生が続きますから、３０２４万円足りないことになります。老後を30年とすれば、４３２０万円の不足です。

ケース2では、月3万円の赤字となり、年間の赤字額は36万円。寿命を男性に合わせると残り21年間で７５６万円、女性に合わせると27年間で９７２万円足りないことになります。30年間なら、1080万円です。

「老後2000万円問題」では「老後の30年間で約2000万円が不足する」とされましたが、この数字はけっして「不確かなもの」ではないことがわかるでしょう。というより、けっこう当たっています。

ケース3では月5万円、年間では60万円の黒字となります。これなら1年に1回、夫婦で国内旅行に出かけることができそうです。

ただ高齢になると、若い頃とは異なり、いつ何時《なんどき》、医療費や介護費が必要になるか、わかりません。そうなれば、一気に赤字になるかもしれません。

やはり、60歳からの人生に向けて、ある程度は蓄《たくわ》えておく必要がありそうです。

収支のマネジメント

ケース3のように、夫婦共働きで双方が厚生年金加入でないと、世帯の収支は赤字基調であることが判明しました。ケース3でも、予期せぬ出費があれば赤字に転落します。

ならば、収支をマネジメントしていく必要がある。

その方法について、具体的に見ていきましょう。

(1)赤字をなくす、小さくする

赤字ならば、いかに赤字をなくすかを考えねばなりません。これは会社の経営でも変わりません。支出で不要なもの、優先順位の低いものからリストラしていきましょう。

たとえば車はどうでしょう。

車は、ガソリン代（電気代）はもちろん、駐車場代、車検、税金など維持費が嵩《かさ》みます。その維持費に見合う効用があればいいですが、実際に使用しているのは週1～2回、それも近場だったりしませんか。

ならば、思い切って手放して、公共交通機関とタクシーやレンタカーに切り替えてみませんか。タクシーなど贅沢と思われるかもしれませんが、車の維持費と比べると、意外にリーズナブルだったりします。

車だけではありません。別荘、ペットなど維持費がかかるものは再考しましょう。もう現役ではないのですから、意識も変えていかなければなりません。

(2) 60歳までに収入を生み出す資産を作る

60歳以降が赤字基調だとすると、現役である60歳までに資産を作っておく必要があります。

具体的には、賃貸収入が見込める不動産、配当が見込める株式です。いずれも、売却益を狙うのではなく、定期収入を得るための手段として考えましょう。あくまで安定収入を目指すのです。

(3) 予期せぬ出費をあらかじめ想定する

さきほどもすこし触れましたが、予期せぬ出費についても述べておきます。

もちろん、予測できないからこそ予期せぬ出費なのですが、どのようなことが起こるかを想定しておくことが大事です。準備ができるからです。

１つ目は、家族の病気や事故です。

病気や事故はいつ襲ってくるかわかりません。また年齢を考慮すれば、認知症などを発症するリスクもあります。その場合の介護費用は侮《あなど》れません。

ちなみに、私は40代前半、設定されたばかりの私企業の「介護保険」に一括払いで加入、生涯にわたっての保障を買いました。

2つ目は、親の介護です。

親の介護が発生するのは時間の問題です。すでに長期の介護を経験されたり、親を看取《みと》られた方もいらっしゃると思います。

その際、相続で予想外の収入が発生する場合もありますが、親に借金が残っている場合には負《ふ》の相続もありえるので注意が必要です。

ですから、今のうちに親に確認しておきましょう。

兄弟姉妹がいらっしゃる場合は、親が亡くなる前にきちんと話し合っておくべきです。状況が許し、節税になるのなら、生前贈与なども選択肢の1つです。

3つ目は、自宅の修繕・改築です。

日本は台風、地震、洪水など自然災害の多い国。さらに最近は、気候変動の影響で被害も大きくなっています。そうした可能性のある地域にお住まいの場合は、損壊した自宅の修復や改築に予想外のお金がかかることもありえます。

また、家族の介護のため、浴室や寝室などにリフォームが必要になることもあります。もちろん、介護保険や補助金を使用できるケースもあるので、そのための情報を事前に得ておきましょう。

(4) 自分の教育費を増やす

子供の教育費は減少するかゼロになるとしても、自分たちの教育費にはお金をかけたほうがいいかもしれません。

人生が90年、１００年となったら、学び続ける人生でないと、60歳から尻つぼみになる。それはちょっと寂しいですよね。また、なんの刺激もない生活は認知症などのリスクを高めます。

ですから、今まで学んだことのない分野を学んだり、スポーツでさらなる上達を目指したり、大学で修士や博士の学位にチャレンジするのはいかがでしょう。

つまり、習い事や学び直しへの投資です。

こうした、言わば「生涯学習費」は、複数のキャリアで生きる二毛作・三毛作が当たり前の長寿社会では普通になるはずです。ましてや、60歳以降も「屋台」を引いて、ビジネスをするのなら、知識と情報の補充は必須になります。

図書館など公共サービスを利用すれば、思ったほどお金はかかりません。大事なのは、60歳からでも学ぶという意志であり、情熱です。

(5) 外注(委託)を増やす

人にもよりますが、60歳を過ぎると体力が落ちてきます。それまでは普通にできていたことができなくなったり、何倍も時間がかかるようになったり。ならば、積極的に家事代行など、外注(委託)を増やしましょう。そうすることで、時間と健康を買うのです。

家事だけに限りません。ビジネスも同様です。たとえば、自分の得意分野で会員サロンやネットショップを開く時、苦手なIT技術を若者や業者に委託してしまう。自分の希少性を高めることに時間を使い、自分でなくてもできることは思い切って外注しましょう。

そのほうが精神衛生上も良いですし、結果も良いものになります。

(6)リバースモーゲージを活用する

ここまで実施してきて、それでも収支が厳しい場合、リバースモーゲージという手段があります。リバースモーゲージとは、自宅を担保に定期的、あるいは一括で融資を受けるもので、死亡後に自宅を売却して返済する制度です。

これだと、自宅に住み続けたまま、融資されたお金を生活費に回すことができます。つまり収入を増やすことができる。

ただし、融資金額が低かったり、契約期間より長生きして自宅を失うなどの可能性があります。また、マンションだと対象外になるケースも。

ですので、今のうちにシミュレーションしておきましょう。

「場所取り」は人生後半に効いてくる

60歳以降のお金を考える時、ただ単に生活ができるだけでは味気ないものになることがおわかりいただけたと思います。「人との絆」に投資していくためにも、お金にゆとりを持つことは、きわめて重要です。

では、どうすればいいのか。

それは、60歳以降も働き続けられる環境にしておくこと。そのことを意識しながら、早めに「場所取り」をしておきましょう。

何も考えないまま、漫然と自動運転で過ごしていたら、60歳もしくは65歳で、いきなり会社から放り出されることになります。もはや会社から得ていた収入は期待できません。そうなった時、どのような収入の獲得方法があるのか。

残念なことに、わかりやすいスキルがある人でもない限り、ホワイトカラーの再就職先はそうそうありません。

それは、会社の元上司が定年後にどのような再就職をしているのかを見ればわかるでしょう。彼らはあなたのわかりやすい未来でもあるのです。

目を背《そむ》けずに、未来を知る努力をしたほうがいい。

上司たちの未来に憧れを持つことができないのであれば、そうならないための取り組みを、すこしでも早く始めましょう。「場所取り」をしっかり考え、「希少性」のある人材になっておくことは、60歳以降を豊かに生き抜いていくためにも、きわめて重要です。

今さら、経済的RICHにはなれない、と思われるかもしれません。

ならば、60歳以降も稼ぎ続けられる人材を目指しましょう。アドバイザーでもいいし、講師でもいい。自ら「屋台」を引くのでもいい。組織に頼らず、個人で稼げるスキルを持っていれば、その不安は大きく減じられることになります。月に5万円（1日2000円程度）でもいいから、稼げる力を持っておくことが、先に紹介した収支に大きく影響します。

それは、60歳以降の人生に強烈な意味を持つでしょう。

マーケットバリューのあるスキルを1万時間かけて磨き続けながら、「希少性」ある人材になる。そして、「希少性」が武器になる豊かな人生を生きましょう。「場所取り」は現役生活だけでなく、人生の後半にも大きなインパクトをもたらすことになるのですから。

おわりに――「死」を想うことで、人生は拓ける

死を想《おも》うことで生《せい》が輝く。

先人たちは、このことをさまざまな言葉で伝えてきました。自分がいずれ死ぬ存在であることを強く意識すれば、「今ここにある」瞬間を有意義に生きられるというのです。

しかし、これがなかなか難しい。

実際、私たちは平和な時代に生まれました。

台風や地震などの災害、事件や事故、好不況の波はあったものの、概ね恙《つつが》なく暮らしてきました。過去に大病を患ったこともなく、体もまあまあ健康だと、ついつい、この暮らしが明日も続くと思ってしまいます。3日後も、3カ月後も、3年後も……。

どうしたら、もうすこし「死」を意識しながら、「今」を大事に生きられるのでしょうか。それができたら、自分の人生をもっと輝くものにできるはずですよね。

私が20年以上前から学校で実践している「よのなか科」では年に1回、「命の授業」を45~50分の構成で実施します。それは、次のようなカリキュラムです。

まず、「あなたの寿命が120年に延びたら嬉しいですか？　その場合、80歳からの40年間が健康だったら、何をしますか？」と問いかけます。

次に、「では、あなたが末期ガンに冒され、医師から余命3年の宣告を受けたら、その3年間をどのように暮らしますか？」と問います。思いっきり引き延ばされた人生と、逆に縮んでしまった人生の両極端をロールプレイして考えさせるわけです。

生徒たちは、最初は戸惑《とまど》いますが、次第に「持っているものの整理を始める」「初恋の人に会いに行く」「家族と世界一周旅行に出かける」などと語り始めます。

さらに、こんな問いかけをしたら、あなたはどのような答えを用意できるでしょうか。自分なりの答えを、です。

「あなたが余命3カ月と宣告されたら、どのように過ごしますか」
「あと3日間しか生きられないとしたら、何をしますか」

余命3カ月なら、およそ100日が残されたことになります。

私なら1日1人、お世話になった100人に会いに行くでしょう。彼らに感謝の言葉を何度も何度も繰り返しながら、1日中語り合います。あるいは思い出の場所を訪ねて、そこで何があったかを反芻《はんすう》するかもしれません。遺品の整理も始めます。遺言は最後の3日でも書けるでしょうが、遺品の整理には3カ月くらいかかるでしょうから。

こうして余命3年、余命3カ月で自分がやりたいこと、やるべきことを書き出してみると、意外なことに気づきます。

書き出されたことは余命宣告されていない今の自分にもできるではないか、なぜ今それをやらないのか。

人間は、人生にとって本当に大事なことを「保留」して生きています。

人生はまだまだ続くのだから、今やらなくてもいいだろう。タイミングを見てやればいいさ。もうちょっとしてからやるよ……また今度ね、と。

しかし突然、大病をしたり、災害や事故で死ぬ目に遭ったりすると気づくのです。「今、ここ」の大事さに。

だから、時にはショック療法が必要です。

私が行った「命の授業」には、いつもゲストをお呼びしていました。和田中学校の時には、『31歳ガン漂流』（ポプラ文庫）の著者・奥山貴宏《おくやまたかひろ》さんに来てもらいました。彼は肺ガンで「あと3年」という余命宣告を受け、3年連続ゲストとして授業に参加してくれたのち、亡くなりました。

「命が限られてしまったから、吉野家の牛丼がホントにうまいって感じられるようになったんですよ」という奥山さんの言葉に、生徒たちは何を感じたでしょうか。

60歳を超えると、結婚式より葬式への参加が増えます。

葬儀方法はそれぞれで、時に面倒な儀式もあれば、時間もかかります。しかし、その行為は、自分の命が限られているものと知る貴重な機会なのかもしれません。

そして改めて、私個人は、「懐かしい人」になりたいと思っています。

本書が、みなさんの「場所取り」に役立つものでありますことを。

藤原和博

編集協力……上阪徹
イラスト・図表作成……長浜孝広
写真提供……川内イオ
本文デザイン……盛川和洋
DTP……キャップス
編集……飯島英雄

藤原和博　ふじはら・かずひろ

「朝礼だけの学校」校長。1955年東京都生まれ。1978年東京大学経済学部卒業後、リクルート入社。東京営業統括部長、新規事業担当部長、初代フェローを歴任。2003〜2008年、杉並区立和田中学校で東京都初の義務教育の民間校長を務める。橋下徹大阪府知事特別顧問、佐賀県武雄市特別顧問を経て2016〜2018年、奈良市立一条高校校長を務める。2021年、オンライン寺子屋「朝礼だけの学校」開校。著書に『藤原和博の必ず食える１％の人になる方法』『10年後、君に仕事はあるのか？』など。

藤原和博の［よのなか net］

どう生《い》きる？

――人生戦略《じんせいせんりゃく》としての「場所取《ばしょと》り」の教科書《きょうかしょ》

藤原和博《ふじはらかずひろ》

2024年５月10日　初版第１刷発行
2024年８月30日　　　　第２刷発行

発行者……………辻 浩明
発行所……………祥伝社しょうでんしゃ
〒101-8701　東京都千代田区神田神保町3-3
電話　03(3265)2081(販売部)
電話　03(3265)2310(編集部)
電話　03(3265)3622(業務部)
ホームページ　www.shodensha.co.jp

装丁者……………盛川和洋
印刷所……………萩原印刷
製本所……………ナショナル製本

Printed in Japan　ISBN978-4-396-11699-6　C0295

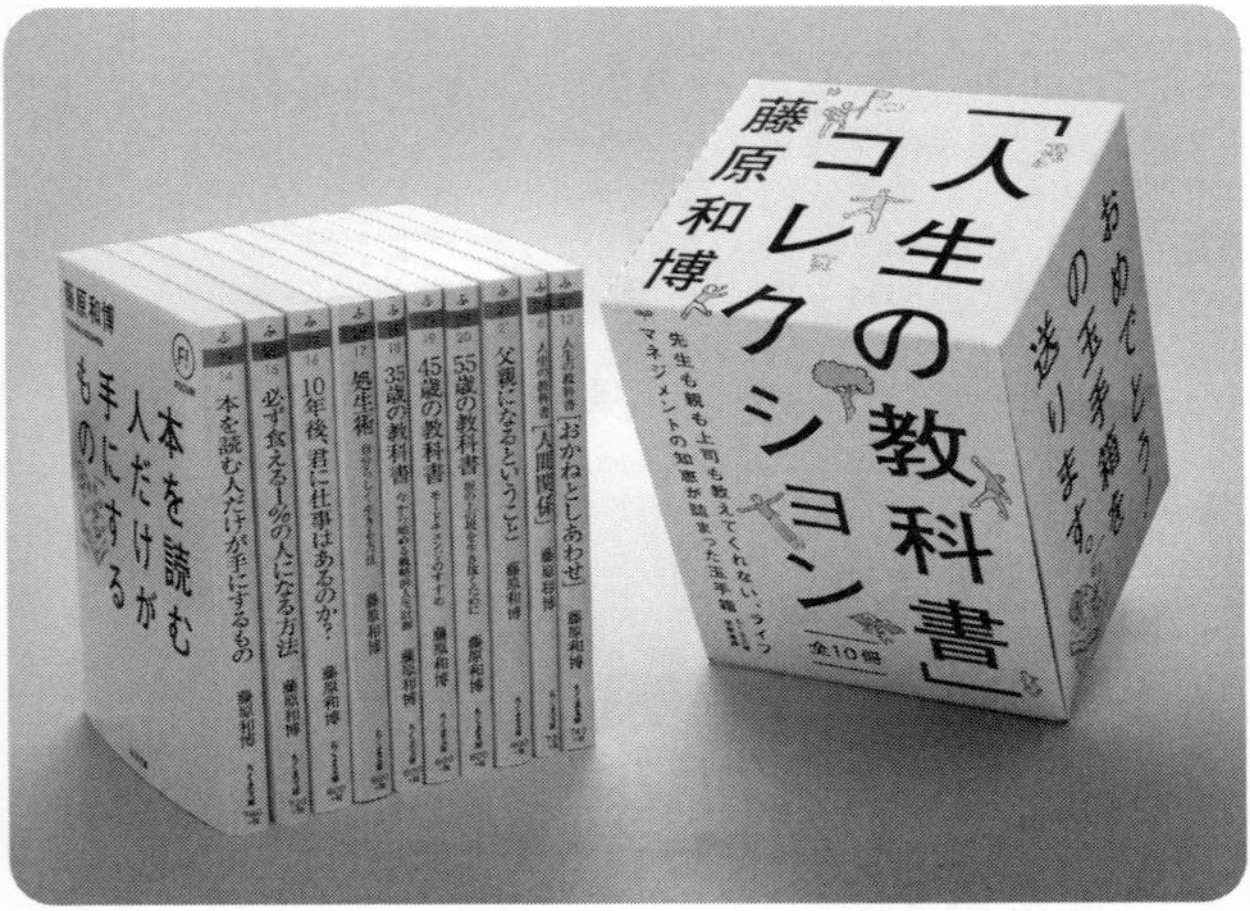

『45歳の教科書――モードチェンジのすすめ』

「40代半ばの決断」が人生全体の充実度を決める。将来に対する不安と迷いが消え、元気が湧いてくる人生戦略論。／特別対談・為末大

『55歳の教科書――坂の上の坂を生き抜くために』

人生は、後半こそが楽しい！　上り調子に坂を上る人生を歩むために50代までに何を準備すればいいのか、本当に必要なことを提案する。／特別エッセイ・森川亮

『父親になるということ』

大人の常識を持ち込んで子供を犠牲にしていないか？　自問自答しながら「子供好きの大人」から「父親」になろうとした悪戦苦闘の記録。／特別エッセイ・宮台真司

『人生の教科書［人間関係］』

人間関係で一番大切なことは、相手に「！」を感じてもらうことだ。そのための、すぐに使えるヒントが詰まった1冊。／解説・茂木健一郎

『人生の教科書［おかねとしあわせ］』

お金を何にどう使うかが、幸せになるかならないかを決める。「人との絆」を重視する著者が説く幸せになるお金の使い方、18の法則とは？／解説・木暮太一